組織を笑顔にする
リーダーシップ
実践ヒント集 48!

監修
おがた いちこ

著
井上 有史　田村 隆　東出 和矩

メディア・ケアプラス

まえがき

　日頃の臨床活動を振り返ってみると、上司とのコミュニケーションが噛み合わない。同僚とのちょっとしたトラブルで疎遠になってしまった。家族や友人と疎遠になってしまった。など、ちょっとした気持ちのすれ違いで人間関係に破綻をきたしたという例があります。

　誰とでも仲良くできればステキなことですが、すべての人に好かれるということは不可能です。みなさんも経験していると思いますが、世の中にはいろいろな人がいます。今年（2024年）は複数の自治体で、首長による理不尽な言動や行動などによるパワハラを受け、働く人が身心の不調に陥ったことが話題となりました。

　このような人間関係のトラブルについては「仕事以外で関わらないように」「物理的な距離をとるように」などアドバイスをすることが多いのですが、現実的には職場ではそう簡単に縁が切れるというものではありません。会社の人間関係などの場合には、どんなに嫌いな人でも我慢して関係を続けるという人が大多数となっています。その結果として身心の不調に陥ることになります。医療機関を受診すると「うつ病」「適応障害」などの診断名がつくことになります。

　厚生労働省の令和5（2023）年の労働安全衛生調査（実態調査）の結果では　現在の仕事や職業生活に関することで強い不安、悩み、ストレスとなっている事柄がある労働者は82.7％でした。

　このように多くの働く人がストレスに悩まされていることについて、国は何もしなかったわけではありません。厚生労働省は労働安全衛生法の改正に伴い、昭和63（1988）年に心と体の両面からの健康づくりの必要性とメンタルヘルスが重要視されている背景を認識し、健康保持増進措置を取りました。これがTHP（Total Health Promotion Plan）です。

次に代表的なものとして平成12（2000）年には、メンタルヘルスケアの原則的な実施方法について総合的に示した「事業場における労働者の心の健康づくりのための指針」いわゆるメンタルヘルス指針を策定しました。さらに平成27（2015）年には、ストレスチェックの実施が義務化され、企業と働く人の協力も得てさまざまな対策を講じています。

ストレスチェックの実施率は、従業員1000人以上の企業では99.1%に達し、企業は従業員の心の健康に関心を示し、対策を講じています。さらに新型コロナウイルス感染症の拡大により、半ば強制的に広がったテレワークは、情報通信技術を活用し、働き方改革を促進し、時間や場所の制約を受けずに柔軟に働くことができるようになったことにより、一定の効果を上げています。しかし、数字が示すように働く人のストレスは依然として改善には至っていません。

本書は、働く人のストレスの改善に向けて、日本を代表するような自動車会社・グループ会社に勤務していた専門分野の異なる3人の執筆者が、さまざまな視点から論述をしています。田村隆はメンタルヘルスとストレス分野での理論と実務経験、井上有史はレジリエンスや会社を元気にする改善活動、東出和矩は方針管理、日常管理、ナレッジマネジメントというマネージメントスキルの経験を結びつけることによって、読者、特に管理職の方に役立つことを目的として執筆しました。

本書を読まれることでイキイキとしたマネジメントを実施できることが、3人の執筆者の希望です。さまざまなヒントを掲載しておりますので、ぜひ役立てて頂ければ幸いです。

監修　おがた いちこ

CONTENTS

まえがき	2

第1章　新しい流れ

1．3つの課題	6
2．心の病の広がり	10

第2章　投資回収の仕組み

1．メンタルヘルス、メンタルマネジメントからウエルビーイングまでの費用	12
2．どのようにリターンが得られるようにするのか	13

第3章　実務的方法【対個人編】

考え方を柔軟に

1 他人の意見も聞いてみよう	15
2 できるかどうかではなくどうすればできるかを考える	21
3 見方を変えてみよう	24
4 「我慢する」のではなく「許す」	28

行動しよう

5 さまざまなリフレッシュ法をもつ	32
6 100人との浅い付き合いより10人との信頼関係を築く	36
7 相手を応援するクレーム	40

双方向コミュニケーション

8 一人で抱えず誰かに相談を	44
9 突発の休み・遅刻はメールではなく電話で連絡	48
10 叱られるときは上司の目を見て耳を傾ける	51
11 すべての人にカウンセリングマインドを	55

上司として（部下との関わり方）

12 何度も同じことを指導するのは指導する側に問題あり	58
13 従業員の自慢話を聞く	61
14 部下の「いつもと違って」に気付こう	64

第4章　実務的方法【対組織編】

15 メンタルマネジメント中期計画	67
16 同僚との1on1	70
17 上司との1on1	72
18 プロセスを責めて人を責めない考え方	75
19 上司の仕事は従業員の仕事を支援すること	78
20 会社ではなく部署のビジョン・ミッション	81

21	ブラザー・シスター制度	83
22	メンター制度	86
23	人に聞く耳をもってもらう	89
24	職場改善活動	92
25	事務職のILUO管理	95
26	表彰制度	98
27	職場徒弟制度	100

第5章　日常の行動指針【管理職編】

28	ワンランク上を目指す上司が常用する 脱！指示命令策 STEP 1	103
29	ワンランク上を目指す上司が常用する 脱！指示命令策 STEP 2	105
30	ワンランク上を目指す上司が常用する 脱！指示命令策 STEP 3	106
31	ワンランク上を目指す上司が常用する 脱！指示命令策 STEP 4	108
32	ワンランク上を目指す上司が常用する 脱！指示命令策 STEP 5	109

第6章　日常の行動指針【担当者編】

33	「会議時間半減だ！」と、上司から（会社の方針や空気が変わり）何の方策も示さずに、いきなり指示される	112
34	たかが会議、されど会議、やり方改善で驚くべき多様効果が！	115
35	たかが会議、されど会議、やり方改善で驚くべき多様効果が！〜意見出し編〜	117
36	業務時間の多くを占める議論可能な会議こそ改善の宝庫でコスパも良好！	119
37	事前準備の上手い会議のやり方で、より効果的効率的会議成果へ！ その1	121
38	事前準備の上手い会議のやり方で、より効果的効率的会議成果へ！ その2	123
39	事前準備の上手い会議のやり方で、より効果的効率的会議成果へ！ その3	124

第7章　推進方策

40	コミュニケーション 挨拶編	126
41	コミュニケーションこぼれ話 名言編	129
42	コミュニケーション "さん" 付け編	131
43	V字回復したい会社の方へ！ 成功パターンから学べる勘・コツ その1	133
44	V字回復したい会社の方へ！ 成功パターンから学べる勘・コツ その2	134
45	V字回復したい会社の方へ！ 成功パターンから学べる勘・コツ その3	136
46	V字回復したい会社の方へ！ 成功パターンから学べる勘・コツ その4	138
47	V字回復したい会社の方へ！ 成功パターンから学べる勘・コツ その5	139
48	V字回復したい会社の方へ！ 成功パターンから学べる勘・コツ その6	141

| 企業ブランドイメージ向上への貢献 | 142 |
| おわりに | 145 |

第1章

新しい流れ

　職場やビジネス現場で「メンタルヘルス、メンタルマネジメント、ワークエンゲージメント、ウエルビーイング」などの言葉を耳にすることは多いのではないでしょうか。この章ではこうした言葉の意味と、職場でそれらがどのように機能しているのかを見ていきます。さまざまな状況に完全な対応はありませんが、きっと今までと違った視点を得られると思います。

1 3つの課題

　メンタルヘルスという言葉からまず思い起こされるものはなんでしょうか。

（一次予防）メンタルヘルス不調の未然防止
（二次予防）メンタルヘルス不調の早期発見と適切な対応
（三次予防）職場復帰支援

　このような枠組みが思い浮かぶ方が多いのではないでしょうか。従業員の不調が深刻な状態に陥らないように、不調を早期に発見して対応、

そして復帰してもらう。このプロセスをいかにして上手く、そして早く一人ひとりに対応したかたちで実現していくかに焦点が当たっているかと思います。それがメンタルマネジメントに進展します。

メンタルヘルスマネジメントの目的は、労働者が仕事で自身の能力を発揮して活気ある職場にすることです。さらにワークエンゲージメントは、「仕事から活力を得ていきいきとしている（活力）」「仕事に誇りとやりがいを感じている（熱意）」「仕事に熱心に取り組んでいる（没頭）」の３つがそろった状態として定義されます。業務からのストレスが軽減され、業務から活力を得るところまで進化します。

そして近年ではウエルビーイングがいわれるようになりました。ウエルビーイングとは、心身ともに満たされた幸せな状態のことです。概念的には理解できますしし、目指す姿としても納得できるものだと思います。ただ、３つ課題があります。１つ目は概念的すぎて具体的な姿として思い浮かべにくいこと、２つ目は現状からどんな手順や方法でやっていけばいいのかわからない場合が多いこと、３つ目は費用がかかりそうで不安のあることです。これを個人の自助で達成していくのはなかなか困難で、会社や組織の対応も不可欠だと考えられています。

まず１つ目の課題。具体的なイメージをもつこと。わかりやすいように事例をまずお話ししたいと思います。

【従来】ありがちだった組織と【新】しい組織との比較で、会社や組織の中で行われる会議の様子で考えてみましょう。

【従来】ありがちなリーダーの会議

リーダーは部下に対し、指示命令的に一方通行でものごとを伝えます。部下は、指示されたことを手元のノートにメモし、持ち帰ります。

最後にリーダーから「質問は？」と投げかける場合もありますが、実際は、部下からの積極的な質問や意見はほとんど出ないのが通例です。下手に質問をして「そんなこともわからないのか！」と、恥をかかされるのを怖がっているのです。意見すると「余計なことを考えずにサッサとやれ！」と叱責された経験があるので、そのうち誰も意見を言わなくなる、よくあるケースです。

　一見、会議の場が短時間で済み、リーダーはストレスなく場を終えられるというメリットもあるかもしれませんが、一方で、メンバーから意見やアイデアが出てこないことに不満をもちます。

　また、実際に会議で指示されたことがきちんと実行されない場合が多いです。理由としては、人は他者に指示されたことに対し、「実行せねば」と頭では理解していますが、心底やり遂げるエネルギーは湧きづらいのです。指示内容に自ら納得していないので、心の中で本当は実行せねばと思えていないのかもしれません。目的・目標実現がされるまで、リーダーは部下に何回も指示命令を繰り返すこととなり、目的・目標実現の実現に時間や費用がかってしまうので、これでは投資効果が良くありません。結果としてリーダーは苛立ち、部下との信頼関係も生まれにくい状況が続いてしてしまいます。

【新】組織のリーダーが目指すべき会議

　リーダーは、部下に実現してほしい目標とその目的、理由をまず伝えます。併せて、それを部下と共に実現した先の理想とする状況も伝え、部下の共感を引き出します。ここで共感を引き出すために、部下との意見交換の時間をしっかり確保します。しかし、実現の方策をいきなり告げはしません。部下が自ら気付くことを促し、自発的決定を極力支援します。そうすることで、部下は能動的に実現の目的・目標に共感し納得

しているため、実行への心のエネルギーが燃え続けると思います。

実行時の方策も皆で意見交換しながら、リーダーがフォローするかたちで決めることで、皆が主体的に行動へ移すことにつながります。結果的に、目的・目標実現に早くたどり着きます。さらに、リーダーと部下との信頼関係も生まれ、持続します。

【従来】の組織は、リーダーにとって実行が早くなるように見えますが、実際に実行へ移した際になかなか進展しないケースが多く、フォローやリーダーの感じるストレスも大変な手間になります。

【新】組織では、最初の会議に時間はかかっても、目標達成までの期間は結果的に短くなります。一人ひとりのモチベーションが高いので、部下による目的実現までの期間は【従来】のケースよりも短くて済むのです。【従来】の組織でリーダーがストレスを感じながら逐次フォローを入れていた手間も、軽減されると思います。【新】組織では、目標達成に向けた建設的意見も多く得られるのでないでしょうか。それが結果的に早い目標達成になります。

これが【新】組織のための先行投資です。結果として時間の節約になり、また"人"の心のエネルギー増長作用などで、より高い目標の実現に役立つと、現場実践経験の実感としてお伝えします。

2章では費用の改題を、3章以降で付帯的な"すぐできる"ノウハウを紹介します。

2　心の病の広がり

　もう一つ、時代の流れに変化があります。

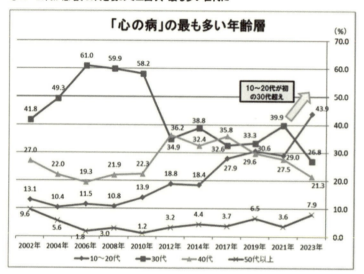

2023年11月9日 公益財団法人 日本生産性本部　調査報告

　もはや心の病は、３０代、４０代、５０代以上の悩みではなくなっているようです。１０代、２０代から大きな変化が起きているように感じます。コロナの影響ももちろんあるでしょう。しかし、それは各年代とも共通です。これに対して各会社や自治体で、それぞれ取り組みが行われています。大きな災害時に災害派遣精神医療チームＤＰＡＴの活躍がしばしばニュースにも登場したことも、記憶に新しいかと思います。
　このような大きな取り組みがなされる場合は、社会的にも光が当たっ

ています。しかし、日常的な会社・学校・組織の中でのケアは、それぞれの組織や自助に任されているように感じられます。厚生労働省は「こころをメンテしよう」のキーワードのもとに、ハンドブックを作成し窓口を公開しています。こちらは引き続き周知する必要があると思います。

　企業や組織の中でも、メンタルマネジメント、メンタルヘルスに対する関心が年々高まっていて、ストレスチェック、労働者への教育・研修・情報の提供、実務担当者の設置、不調者に対する適切な対応などが行われるようになってきました。もちろん大企業のほうが手厚い傾向にあり、従業員規模が小さくなるとまだ手薄である場合が多く、課題だと認識されています。厚生労働省はストレスチェックを推進し、4つのケアを効果的に推進するようガイドラインの中で述べています。1つはセルフケア、2つはラインによるケア、3つは事業場内産業保険スタッフによるケア、4つは事業場外資源によるケアです。これらに1次予防、2次予防、3次予防を組み合わせていくというのが近年の考え方です。

　メンタルヘルス、メンタルマネジメントからウエルビーイングまで、会社・組織としては費用なしではできません。会社・組織の環境が厳しく、変化が大きい中でこの費用を安定的に確保するための考え方と方法を第2章で考えてみたいと思います。

心の病の広がり　｜　11

第2章

投資回収の仕組み

1 メンタルヘルス、メンタルマネジメントから ウエルビーイングまでの費用

　会社や組織の中で活動するとき、当然経費ゼロでは活動できません。仕事を担当する人の人件費、活動経費、また設備や施設があればその維持管理費も必要でしょう。もう少し細かく考えれば、活動経費の中には、教育・研修費用、それらの指導者への支払いも含まれるでしょう。それぞれの会社の中でこれらの費用はどのように扱われているでしょうか。おそらく、人事・総務の経費になっているのではないでしょうか。

　会社・組織は常に厳しい競争と環境変化に対応する必要があります。経営が苦しくなると真っ先に削減対象になるのが人事総務系の費用ではないでしょうか。人件費は最後だとしても、メンタルヘルス関連費用で考えると、教育・研修費用や指導者への支払いなどはどうしても削減対象に含まれてしまいます。会社の経営環境が厳しければ厳しいほど費用対効果が明確には見えにくい経費が削減対象になりかねないのが実情かもしれません。

　それではどのようにすれば安定的に費用を確保できるのでしょうか。ここではその方法について考えてみたいと思います。カギは、メンタルヘルス関連費用を投資と考えることです。しかも、いつ投資のリターン

12　│　2章　投資回収の仕組み

があるかわからない投資ではなく、リターンを可視化できる投資として扱うことです。

2 どのようにリターンが得られるようにするのか

　メンタルヘルス、メンタルマネジメントからウエルビーイングまでにかかるコストをどう回収するか、さらにかけたコスト以上のリターンをどのように得るかというのは難しい問題です。これまでもメンタルヘルスのためにかかるコストのリターンを可視化する試行はされてきました。主にメンタル不調の未然防止数の前年度比や、ストレスチェックの傾向値の前年比較などが活用されてきました。

　効果を見えるかたちにするのは重要です。取り組みにより、未然防止できたと想定できる従業員のメンタル不調を、人件費や売上へ置き換えて効果とするわけです。しかしマネジメントの視点からみると、だからといって、なかなかメンタルヘルスにかけるコストを積極的に増額しようというモチベーションにはなりません。これまでの効果指標ではコストをかけ続けるには、いま一歩弱いかもしれません。では、どのような方法があるでしょうか。

　ぜひ考えていただきたいのがメンタルヘルス、メンタルマネジメントからウエルビーイングまでにかかるコストを投資と考え、回収に向けて業務改善活動を連続的、同時並行的に実施していくことです。

　手順を追って見ていきましょう。まずメンタルヘルス、メンタルマネジメントについて、取り組みの改善を実施します。第3章で取り上げている実務的方法は、人財育成としてリーダーシップの向上につながっています。次に改善活動と会議の変革を行います。これは第4章以降で取

メンタルヘルス、メンタルマネジメントからウエルビーイングまでの費用　｜　13

り上げます。その結果として、収益性が向上します。その収益向上の結果に対して、人財への認知承認を行います。この認知承認が、さらなるメンタルヘルスの増進、ストレスの軽減、そしてウエルビーイングへとつながっていきます。

　人財育成、改善活動、収益改善による認知承認、メンタルヘルスの増進活動はもちろんあらゆる企業で実施されています。ただ別々の責任者と部署のもとで、強い連携なく実施されているケースが多いようです。ぜひ連携を強化して、良いサイクルが回るようにしていただきたいと考えています。

　会社や組織がこの良いサイクルに向けて運営するための成功要因は3項目あります。1つ目はトップマネジメントの理解と率先したリーダーシップ、2つ目は目標値を明確にした数値による進捗管理、3つ目は可能な限り4領域の体制の一本化です。この3項目をぜひ検討していただきたいです。各領域での実施事項については、3章・4章以降で紹介したいと思います。

メンタルヘルスにかかるコストからのリターン

2章　投資回収の仕組み

第3章

実務的方法

メンタルマネジメント・ワークエンゲージメント ツール

【 対個人（＝従業員）編 】

会社がイキイキするためには、まずは個人がイキイキすることから

　昔から「企業は人なり」という言葉がある通り、会社がイキイキするためには個人（＝従業員一人ひとり）がイキイキしていることが不可欠です。そして部下がイキイキと働くためには、上司自身もイキイキしていなければならないのはいうまでもないことです。

考え方を柔軟に

1

他人の意見も聞いてみよう

新入社員研修に"集団認知行動療法"を取り入れる

◆**概要（困った状況と解決に向けて実務的方法）**

　新入社員への集合研修にはさまざまなカリキュラムが組まれていると思いますが、座学による一方通行の研修がギッシリ詰め込まれていても、

他人の意見も聞いてみよう　|　15

1年後には研修内容をほとんど覚えていないことは、多くの皆さんが実感しているのではないでしょうか?

　ここでは、新入社員研修に"集団認知行動療法※"を取り入れることをお勧めします。その意義としては以下の効果が期待できます。

● ストレス軽減につながるテクニックを学ぶことができる。
● 皆が似たような悩みを抱えていることを知り、安心感と親近感が得られる。
● 「悩んだときには誰かに相談していいんだ」ということを知る。
● 同期の仲間とのネットワークや信頼関係を築くきっかけになる。

　同じ状況に置かれていても、考え方一つでずいぶん気持ちが楽になったり元気が湧いてきたりするものです。これをグループワークで体感することで、さまざまな副次的効果も得られます。

◆手順(導入の手順・準備)
　この研修の講師を務めるためには、ある程度の知識や経験が必要なので、社内に専門家がいない場合は外部講師にお願いするほうが良いでしょう。
　一般的な進め方は以下のイメージです。
1. "認知行動療法"の概要を学ぶ。
2. 4〜6人程度のグループに分かれ、各自があまり深刻でない悩みごととその理由(本人の考え)をメンバーに紹介する。

※ 集団認知行動療法
　メンタル休職者の復職支援プログラムの一環として、多くのリワーク施設で実施されているグループワーク。

16 　　3章　実務的方法【対個人編】

3．その中から１つの事例を選び、皆で紹介されたものとは"違う考え方"を出し合う。

4．皆が出した"違う考え方"の中から、事例提供者が自分で受け入れられる考え方を選ぶ。

5．その結果、本人が最初にもっていた感情から気持ちの変化を実感する。

　"コラム表"と呼ばれる定型シート、筆記用具、ホワイトボードなどがあれば、ほかに特別な準備はいりません。複数のグループで研修を実施する場合は、最後に各グループの代表者が話し合われた内容をほかのグループに向けて発表しても良いでしょう。

　なお、メンバーが紹介した事例はその場限りとして外にもち出さないことを、ルールとして必ず最初に約束します。

コラム表（例）

状況	感情（強さ）	頭に浮かんだ考え	違う考え方	感情の変化
上司に書類の不備を指摘された	動揺（80%） 不安（70%）	上司は自分のことを頼りないと思ったに違いない。 上司に見放されてしまうかもしれない。 そうなったら自分の人生はおしまいだ。	人間は、誰でもたまにはミスを犯すものだし、致命的なミスだったわけではない。 一度の失敗で人生が台無しになったと考えるのは行き過ぎだ。 この経験を生かして、今後、ミスを減らしていけばよいのだ。	感情の強さは変化しましたか？ 動揺（30%） 不安（10%） また、新たにポジティブな感情は湧いて来ませんか？ 希望（40%） 元気（60%）

他人の意見も聞いてみよう　　17

先に書いたようにこの研修の講師を務めるためにはある程度の知識や経験が必要ですが、認知行動療法自体は特別難しいことではなく、誰もが無意識のうちに自ら行っていることを体系立てたものにすぎないと、私は思っています。そこで、研修で行う集団認知行動療法というかたちをとらずに、一人で実践する方法を簡単に紹介します。

1．ストレスを感じた場面を書き出す。
2．そのときに感じたネガティブな感情（怒り、不安、落ち込みなど）を書き出す。
3．なぜネガティブな感情が湧いたのか、その理由（自分の頭の中に浮かんだ考え）を書き出す。
4．3で書き出したものとは異なる考え方はできないか（例えば自分以外の人が同じ状況にいたら、自分ならその人に何と言うか）考えてみる。

考え方を柔軟にするストレス対策（例）

（実際に起きていたこと）

スマホを忘れ 待ち合わせ 場所も？？

何かアクシデントがあったのかもしれないが連絡が取れないので仕方ないな

今日は諦めて帰り後でもう一度連絡してみよう

出来事　→　受け取め方

約束の時間を30分過ぎても友人が来ない携帯も繋がらない

途中で事故にでも遭ったのかもしれない

電話にも出られないほど大変な事故ということ？

「何が正しいか」ではなく、「どう受け止めた方が良いか」を考える

18　　3章　実務的方法【対個人編】

5. その考えを受け入れることでネガティブな感情の強さが弱まった
り、逆にポジティブな感情が湧いてきたりしないか意識してみる。

　感情が変化し、それが体調や行動にも良い影響を与えれば、成功した
といって良いでしょう。

◆実践時はここを意識！

● もし自分と親しい人が同じ状況に置かれたら、どうアドバイスする
かを考えてみる。

● 思考を柔軟にする。

● 自分の価値観とは異なる発想を聞く耳をもつ。

● 無理に「楽観的に考えましょう」ということではない。

● 精神疾患で受診している人が参加する際は、主治医の了解が必要。

● 研修ではあまり深刻な問題は取り上げない。

● 必ず「効果が実感できる」とは限らないと心得ておく。

● メンバーが紹介した事例はその場限りとして外にもち出さない（守
秘義務）。

◆明日からできるお試しパック

① 「コラム表」の用紙をメモ帳にして持ち歩く。

② 毎日１件、少しネガティブな気分になった「状況」を書く。

　　例えば、

・朝、家族に「おはよう」と言ったが、返事がなかった。

・電車が遅れていて会社に遅刻しそうになった。

・渋滞の列に、横から強引に車が入ってきた。

・楽しみにしていた週末のテニスが雨で中止になった。

他人の意見も聞いてみよう　｜　19

③ 前述の要領でコラム表を埋めてみる。

④ 慣れてきたら、友達のグチを聞いて「違う考え方」をアドバイスして
みる。

これを続けることで、柔軟思考のクセを身に付けましょう。

◆実施指標（実務的方法の実施状況の数値評価方法）

柔軟な考え方ができているかを、簡単なチェックリストで評価してみ
ましょう。

チェック項目が多い人は、同じ状況に置かれても必要以上にストレス
を感じたり、それによって感情・体調・言動などにネガティブな影響が
出やすくなったりしているかもしれません。

そんなときは、上述のように客観的に状況を受け止める練習をするこ
とをお勧めします。

チェックリスト：下記のような傾向はありませんか？

□ 完璧な出来栄えや成功でないと満足できない。

□ ものごとのポジティブな面を否定し、ネガティブな面ばかりに目が向く。

□ 自分の欠点は過大にとらえ、長所は「取るに足らない」と過小評価する。

□ 確かめもせずに相手の気持ちを憶測し、悲観的な思い込みをしてしまう。

□ 一つの失敗や嫌な出来事を根拠に「何をやっても同じだ」と決めつ
けてしまう。

□ 問題が起きたら、さまざまな理由があるのに「すべて自分のせい」
と考えてしまう。

□ 「○○すべきだ」「○○しなければならない」と、必要以上に自分に
厳しくする。

☐ ミスをしたときに、自分に対して否定的なレッテルを貼ってしまう。

☐ 自分の「感情」だけを根拠に、事実を誤って判断してしまう。

☐ 事実に基づいた根拠がないのに、勝手に悲観的な結論を引き出してしまう。

◆エピソード

"オープンセミナー"と称して、定時後に誰でも参加できるかたちで研修を実施したところ、参加してくれたある部長さんがその後しばらく経ってから「いつでも思い出して活用できるよう、この研修でもらった資料をカバンに入れて持ち歩いています」と言われました。

それを聞いて、誰でも簡単に持ち歩けるようエッセンスをまとめて"名刺サイズ"に折りたたんだカードを作成し、その後の受講者やクライアントに配っています。

2 できるかどうかではなく どうすればできるかを考える

できない理由を説明するためにエネルギーを使うのはやめよう

◆概要（困った状況と解決に向けて実務的方法）

皆さんは「自分には荷が重い」と感じるような役割を担うことを打診されたら、どう反応しますか？　実は私は、一生懸命に断る理由を考えてしまう傾向があります。「自分には適性がありません」「忙しくて無理です」「上手くいかないと関係者に迷惑をかけることになります」「○○さんのほうが適任です」などなど。結局、断り切れずに引き受けること

になるというケースも多いのですが、そうなってしまうと客観的に考えれば時間とエネルギーのムダですよね。

「人はできない人には頼まない。頼まれごとは試されごと」と、考えてみましょう。明らかな悪意がない限り、人はできそうもない人には頼みません。きっとあの人ならやってくれるだろうと期待を込めて、相手は（あるいは組織として）頼んでいるのだと思います。

ここでは自戒の念も込めて、「できるかどうかではなく、どうすればできるかを考える」ことを提案したいと思います。

断らないことのメリット

- 自分の引き出しが増え、自信にもつながる。
- 自分の評価が上がる。（ただし、満足してもらえる結果を出せれば）
- 依頼した側にも喜んでもらえる。

ビジネスの世界では結果（できた／できなかった）で評価されがちですが、結果には運も影響します。達成困難と思える目標でも「どうすればできるか」を考えながら挑戦することで、新たな可能性が生まれます。たとえ目標を達成できなかったとしても、振り返りを行うことで「挑戦」は「成長」につながり、「次は成功させよう」という新たな意欲にもつながります。

◆手順（導入の手順・準備）

不安や迷いのある仕事を頼まれたとき。

1. とりあえず"断らない"。
2. どうすればできるかを考える。
3. そのために必要なサポート（人・モノ・資金・情報・時間など）を

22 　3章　実務的方法【対個人編】

要求する。

4. 正式に引き受ける。

◆**実践時はここを意識！**

● できない理由ではなく、できる方法を考える。

● 必要な資源を集める。

●「やります (≠ できます)」と答える。「できます」よりも現実的な行動につながる。

● 依頼や要請を簡単に断らない。

● ただし、やみくもに安請け合いはしない。

◆**明日からできるお試しパック**

① 「(拒絶の) できません」でも「(やみくもな) できます」でもなく、「こうすれば (こういう条件であれば) できます」と答える。

② 上記の即答が難しい場合は、判断するために必要な時間の猶予と必要な条件の提示をお願いする。

◆**実施指標（実務的方法の実施状況の数値評価方法）**

　何かの依頼を受けたとき、「できる・やりたい / 不安・迷いがある / できない・やりたくない」の３種類に分類する。

　「できる・やりたい」依頼は積極的に引き受けましょう。「できない・やりたくない」依頼はしっかり（ただし誠意をもって）断ることは相手のためにも大事なことです。

　その中間の「不安・迷いがある」項目を取り上げ、最終的な実施率（不安はあるけれど依頼を受ける・実行する）をパーセントで表す。結果的に上手くいかなくても、結果については評価の対象外とします。

できるかどうかではなくどうすればできるかを考える　│　23

最初は目標を 40% 程度（5 件に 2 件）に設定し、少しずつ目標を上げながら最終的には 80% 程度（5 件に 4 件）を目指します。

◆エピソード

　事情により突然代表がいなくなったある団体で、残されたメンバーから「代表になってほしい」と切望されたとき、A さんは代表となるには異例の若さでした。周囲が A さんを推したのは、経験や実績には乏しいものの A さんのリーダーとしての適性を見抜いたからです。

　A さんが代表になることを断ろうと思えば、周囲が諦めざるを得ない理由はいくらでも並べられたと思いますが、A さんが潔く大任を引き受けてくれたことで、周囲は全面的に A さんをバックアップし、この団体は非常に強固な組織に成長しました。

　結果的に A さんは、若者らしい新鮮な発想と持ち前のバイタリティや行動力でこの団体を牽引すると共に、あっという間に遥かに年上の同業者たちからも一目置かれる存在になりました。あとから振り返っても、あのとき A さん以上の適任者はほかにいなかったと思います。

3

見方を変えてみよう

「ものは言いよう」「ものは考えよう」視点を変えればピンチがチャンスに

◆概要（困った状況と解決に向けて実務的方法）

　あるものごとを今の見方とは違った角度で見ることによって、その意味を意図的に変化させることを、心理学ではリフレーミングといいま

す。日本で昔からよく使われている「ものは言いよう」「ものは考えよう」
という言葉も、意味はほとんど同じといえるのではないでしょうか。

自分の短所と思っているところも、見方によっては長所になるかもしれ
ません。一見ピンチと思える状況も、逆にチャンスにできるとしたら、
元気や勇気も湧いてきますよね。

そうはいっても、逆境に立つとどうしても視野が狭くなりがちです。そ
んなときは第三者からのアドバイスで"目から鱗が落ちる"こともある
かもしれません。

◆手順（導入の手順・準備）

　ゲーム感覚で、自分が短所と思っていることの裏側にある長所を導き
出してみましょう。

＜例＞

- 心配性　⇔　計画性がある
- ガキ大将　⇔　親分肌
- 考え（迷い）すぎる　⇔　調べるのが好き
- 神経質　⇔　気配りができる
- 怒りっぽい　⇔　熱い情熱をもっている

◆実践時はここを意識！

- 短所と長所は背中合わせであることを理解する。
- 短所は自身の力でコントロールし、長所には自信をもつ。
- 自分では長所が見つからないときは、誰かに教えてもらう。
- 何でもポジティブに考えれば良いということではない。
- 自分が直すべきことから目を背けてはいけない。
- 相手にリフレーミングを強要してはいけない。

WGの座長として研修カリキュラムを開発してほしいのよ

彼女の選抜したメンバーは各所で経験豊富な人たちばかり…

うわーオレがリーダーとしてまとめる自信がないなー

あなたの長所は他者の優れている点に対して心から尊敬できる謙虚さよ。あなたに対してなら彼らは自分のスキルを提供してくれると思うし、それはあなたにとってもいい経験になるはずよ

そうか仕切るのではなくみんなから教えてもらえばいいんだ

オレは聞き役に徹して会議を進めればいいんだ！

そして自分ひとりではとても開発できなかった中身の濃い研修プログラムを開発することができました。

「見方を変えてみよう」エピソード

◆明日からできるお試しパック

① 自分が弱点や短所と思っていることを書き出してみる。

② 視点を変えて、①の裏側にある自分の強みや長所を考えてみる。

③ 一人で考えるのが難しければ、身近な人に自分の弱点や短所の裏側
にある強みや長所は何か、尋ねてみる。

④ それまで自分では気付かなかった強みや長所を自分でも認め、意識
することを心がける。

⑤ 他者に対しても、本人が気付いていない（あるいは自分も気付かな
かった）視点からその人の強みや長所を見つけることで、例えば苦
手だった相手に対する見方が良い方向に変化する可能性もある。

◆実施指標（実務的方法の実施状況の数値評価方法）

	○○さんの短所	⇔	短所と裏腹にある長所
（例）	怒りっぽい		熱い思いを持っている
○○さん			
○○さん			
○○さん			
○○さん			
○○さん			
○○さん			
○○さん			
○○さん			
○○さん			
○○さん			

　ここでは"お試しパック"⑤についての実施指標を紹介します。日々
の出来事の中で「あの人のあの性格なんとかならないか」と感じること
があるかもしれませんが、そんなときに視点を変える訓練です。

見方を変えてみよう　27

そう感じる人の性格については、長所より短所が目につくものです。そこに短所が見えれば長所も見える原則を適用して読み替えの練習をします。自分の属するグループ、チーム、部署など10人前後の人を選んで、読み替え練習をしてみましょう。1日1人、10人で順番に読み替えをして1人読み替えできれば達成度10％、全員できれば100％です。100％になるまで続けてみましょう。

---

4 「我慢する」のではなく「許す」

我慢すればストレスが溜まり、いつか限界が来る
自分も誰かに許してもらっているのかもしれない

◆概要（困った状況と解決に向けて実務的方法）

例えば相手の言動に対して"問題"と感じたとき、皆さんならどうしますか？　もちろん対応はケースバイケースだと思いますが、大きく分類すると何らかのリアクションを起こすか起こさないかの2種類になるのではないでしょうか。そして、リアクションを起こさない場合については、さらに我慢するか許すかの2種類に分けられると思います。

表面上は同じ「リアクションを起こさない」でも、"我慢する"ことと"許す"ことでは、自分自身の中で起きていることはまったく異なります。我慢しているときは、怒りの感情をもったまま、それを外に出さずに抑制している状態なので、大きなストレスを残しています。もしかしたら血圧が上がったり、胃が痛くなったり、眠れなくなるほどのイライラが残ってしまうかもしれません。そして何かのきっかけで爆発して相手を攻撃したり、自分自身の健康が保てなくなったりするかもしれま

---

28 ┃ 3章　実務的方法【対個人編】

せん。それに対して、許しているときはその出来事に対する怒りは湧かず、どう対処しようかと平常心で考えられるのではないでしょうか。そのときはネガティブな身体反応も起きないと思いますし、相手を攻撃するという発想も湧かないでしょう。

　誰でも無意識に、もしくは意識的に、他人に不愉快な思いを抱かせかねない言動をしてしまうことはあると思いますが、そんなときに相手から怒りの反撃を受けたり、その場では黙っていても怒りの感情を抱いたまま我慢されたりしているのと、冷静に対応(許す、穏やかに意見されるなど)されるのとでは、どちらのほうが良いかと考えると、"許す"という習慣を身に付けることは、自分の健康のためにも相手との良い関係を築く(続ける)ためにも意義があると思います。

　なお、"許す"ことは"受け入れる"こととは少し違います。「解決すべき問題がある」と思ったときは、あくまでも冷静に受け止めたうえで、前向きな対応をすることが必要です。その場合は、許したうえで(もしくは冷静に「許せない」という意思を示したうえで)しっかり自分の考えを伝えるという第3の方法が最も健全な対応だと思います。

◆手順（導入の手順・準備）
　相手の言動に対して"問題"と感じたときの対応手順。
1. まずは状況を冷静に把握する。
2. それに対してリアクションを起こすべきか否かを判断する。
3. リアクションを起こす必要はないと判断した場合は、そのまま許す。
4. リアクションを起こす必要があると判断した場合は、冷静に問題解決のための前向きな交渉を行う。

◆実践時はここを意識！

● 許せる範囲を広げる（アンガーマネジメント）。

● 相手の良い面に目を向ける。

● 相手も、自分に対して一歩譲って許してくれていることがあるかもしれないと考える。

● 必要なときはしっかり自分の考えを伝える（アサーティブコミュニケーション）。

● できる限り感情的にならない。

● 自分の価値観、道徳観に固執しない。

● どうしても"許す"ことのできない自分を責めてもいけない。

◆明日からできるお試しパック

① ゲーム感覚で相手の良いところを探すことを習慣化する。

② カチンときたときは深呼吸しながら6秒数える（アンガーマネジメント）。

③ 毎晩寝る前に「今日は何かを我慢してストレスを溜めることはなかったか？」と自問する。

◆実施指標（実務的方法の実施状況の数値評価方法）

　お試しパック①の"相手の良いところを探す"を実施します。相手に選ぶのは、日頃から苦手なタイプだなと思っている人にしましょう。1つあげたら50点。2つで75点。3つで100点。

　お試しパック②の"6秒ルール"実施率を測ります。最初に先週のお試しパック②実施率を自己評価します。ざっくりです。そして今週は6秒待つぞ！　と心に決めて1週間過ごします。1週間終わってみて、お試しパック実施率をざっくり自己評価します。目標は自分で決めますが

５０％以上で合格、７５％以上ならゴール達成でもいいかもしれません。７５％以上でお試しパックができるまで続けてみましょう。

　グループ内で仲間を集めて皆でやってみると仲間が増えてさらにモチベーションの維持ができると思います。

【お試しパック】
①苦手な相手の良いところを探す

1.	50点
2.	75点
3.	100点

②"６秒ルール"実施率（％）

○/○週	○/○週	○/○週	○/○週	○/○週	○/○週

※５０％以上で合格、７５％以上ならゴール達成

◆エピソード

　Ａさんはグループのリーダーとして、ＢさんとＣさんを打ち合わせに招請しましたが、開始予定時刻を15分過ぎても主催者のＡさんが現れません。仕方なくＢさんがＡさんに連絡したら、すっかり忘れていたとのこと。

　Ｃさんは腹を立てていましたが、Ｂさんは限られた時間で議事を進めなければいけないので、開始が大幅に遅れたことには触れず本題の打ち合わせに集中しました。

　後日、Ａさんから会議を忘れてしまったことへのお詫びのメールが届きましたが、Ｂさんは「Ａさんはリーダーとして頼りになる存在だし、今後はこのようなことはないよう気を付けるだろう」と、Ａさんの失敗

を気にはしませんでした。

その結果、グループ内の関係がギクシャクすることもなく、その後も協力し合って仕事を進めることができました。

行動しよう

5 さまざまなリフレッシュ法をもつ

「私はテニス」では雨の日に困る。「私はカラオケ」の人はコロナで困った？
さまざまな状況に合わせられるさまざまなリフレッシュ法を…

◆概要（困った状況と解決に向けて実務的方法）

ストレス対策の一つとして、心身の疲れを癒すことのできるリフレッシュはとても有効です。週末にテニスで汗を流す、カラオケに行って大声で歌う、家族との夕食で会話を楽しむなど、誰でも仕事のストレスを忘れられるリフレッシュ方法をあげることができるのではないでしょうか？　でも、週末があいにくの雨模様ではテニスは中止になります。コロナ禍でカラオケルームが閉鎖されていた時期もありました。単身赴任で家族とはなかなか会えなくなる場合もあるでしょう。

そこでこの章では、さまざまなリフレッシュ方法をできるだけ数多くもつことをお勧めしたいと思います。なお、一般的には身体を使うことの多い仕事の人には、入浴や音楽鑑賞など、リラックスできるリフレッシュ法がお勧め。デスクワーク主体の人には、軽い運動や森林浴など、身体を動かしながらの気分転換がお勧め。感情労働が生業の人は仕事で他人の話を聞くことが多いため、逆に自分の話を聞いてもらえる家族や

32 ｜ 3章　実務的方法【対個人編】

友人と過ごすことがお勧めです。

"オフ"があるから"オン"があるという意識をもち、フレックス勤務や有給休暇もリフレッシュのために有効に活用しましょう。

なお、いつもは楽しめていて心地良かったはずのリフレッシュ法が、リフレッシュにならない場合は要注意です。できれば早めに信頼できる身近な人や、医師・カウンセラーに相談することをお勧めします。

◆手順（導入の手順・準備）
1．まずは右のような4象限の図を描く。
2．それぞれの象限に当てはまる自分なりのリフレッシュ方法を、思いつくままに書き出す。
3．自分が置かれた環境に合わせたリフレッシュ方法を実践し、上手にストレスを発散する。

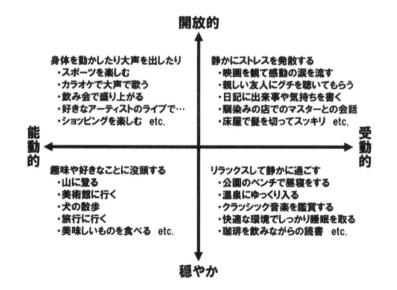

◆実践時はここを意識！

● "質よりも量"で、より多くのリフレッシュ方法を書き出してみる。

● 新たなリフレッシュ方法を見つけることもお勧め。

● 誰かと一緒にリフレッシュするときは、心地良い人間関係を築くことを心がける。

● ギャンブルや深酒など、新たなストレスのもとになるような行いはやめる。

● スポーツも勝敗にこだわり過ぎたりストイックになり過ぎたりは要注意。

● リフレッシュのために参加したグループで、人間関係のトラブルに巻き込まれることも避ける。

◆明日からできるお試しパック

① 週に１日はノー残業デーにして、趣味や家族との団らんを楽しむ時間をもつ。

② 月に１日〜半日は、有給休暇を取ってリフレッシュにあてる。

③ 年に１つ、やりたくても尻込みしていた新たなリフレッシュアイテムに挑戦する。

◆実施指標（実務的方法の実施状況の数値評価方法）

　"お試しパック"実施率を、リフレッシュ度指標として測ります。まずストレスの有無にかかわらず毎週のお試しパックを実施してみませんか。これは心のお掃除だと思って、お部屋の掃除のように汚れの程度にかかわらず定期的に実施するのが良いと思います。

　もちろん年一回の大掃除として、やりたくても尻込みしていた新たなリフレッシュアイテムにもチャレンジしてみてください。毎週できたかできなかったかを記録してリフレッシュ度指標にしましょう。毎週でき

34　　3章　実務的方法【対個人編】

ている間は予定通りですので１００％です。心のお掃除も１００％完了
です。

　仮に１週間実施しなかったら、実施率は下がりますね。もし実施率が
２０％を切るようになったら、思いきって有給休暇リフレッシュや年一
回リフレッシュを実施してみませんか？　その後は一度指標を起点に戻
してチャラにしましょう。遊び感覚をもって自分のリフレッシュ度指標
を測ってみられてはいかがでしょうか。

【お試しパック】
毎週 ；週に１日はノー残業デー

○/○週	○/○週	○/○週	○/○週	○/○週	○/○週

毎月 ；月に１日～半日は、有給休暇

○月	○月	○月	○月	○月	○月

毎年 ；年に１つ、新たなリフレッシュアイテムに挑戦

202○年	202○年	202○年	202○年	202○年	202○年

◆エピソード

　もともと病気がちでありながら、とても真面目で完璧主義のＡさんは、
「職場に迷惑をかけたくないから仕事を早く終わらせないと…」と毎日
の昼休みもとらずに頑張り過ぎて、ついに体調を崩して数か月間療養す
ることになりました。

　健康をとり戻して復職できることになったＡさんは、Ｂ取締役から「私
も定期的に通院し、持病と付き合いながら働いています。Ａさんも限界

さまざまなリフレッシュ法をもつ　｜　35

まで無理をするのではなく、健康第一で働いてください」と指導されました。

　会社生活も人生も、一瞬で限界まで全力を出し切る１００ｍ走とは違い、ゴールがどこにあるのか誰にもわからない長期間の探検のようなものです。自分に合ったリフレッシュ法でストレスを上手に発散しながら、自分のペースで進み続けたいものです。

6　100人との浅い付き合いより 10人との信頼関係を築く

本当に信頼できる友人を10人もっていれば、 それぞれの10人の信頼できる友人との新たな人脈を作ることができる

◆概要（困った状況と解決に向けて実務的方法）

　皆さんは名刺を何枚くらい持っていますか？　おそらくかなりの枚数持っていることと思いますが、その中で顔を思い浮かべることのできる人、連絡を取り合える関係の人は何人くらいいるでしょうか。

　逆に、こちらが困ったときに躊躇なく相談できる人、数年ぶりに突然仕事の依頼の電話が来るような人はいませんか？　“類は友を呼ぶ”という言葉がありますが、その人は自分と価値観が近く、尊敬（信頼）できると感じた人ではないでしょうか？　そういう人は、きっと同じような価値観をもつ人たちとのネットワークをもっていると思います。ということは、その人たちとも新たな信頼関係が築けるのではないでしょうか。

　やみくもにたくさんの人と名刺交換をすることや名刺の枚数にはあまり意味がありません。名刺交換をしただけではお互いにあまり印象に残りませんよね。人数は少なくても良いのです。価値観が合い、信頼でき、

尊敬できる人との深い関係を築きたいものです。そういう人は同じような価値観をもつ人との人脈をもっている場合が多いのではないでしょうか。自分が信頼している人が信頼している人って、自分も信頼できることが多いように感じます。

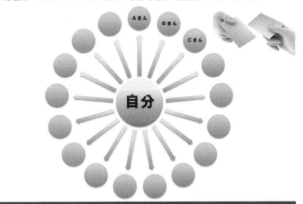

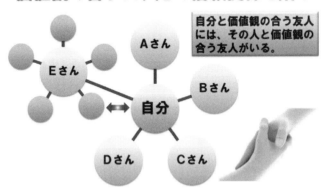

◆手順（導入の手順・準備）

信頼できる人とのネットワークの広げ方。

1. 「この人は信頼できる、尊敬できる」「この人とは価値観が合う」と思った人には積極的にアプローチする。

2. その際は、単なる"ご挨拶"だけでなく例えば相手が講師の方であれば、講義内容への感想を伝えたり質問をしたりすることで、発展的な関係が築けるよう工夫する。

3. その後も時々、何かの折に話題提供などのメールで関係継続に努める。

◆実践時はここを意識！

● 信頼関係を築くためには自分のことを話すより相手の話を聞くこと。

● 相手のために自分が貢献できることを考える。

● 自分が信頼できる人が信頼している人のことを信頼する。

● 枚数を増やすことにしかならない名刺交換はしない。

● 相手からの見返りを求めない。

● 信頼している相手から何かを頼まれたら、すぐに「ノー」とは言わない。難しいと思う理由がある場合は、「（条件付きで）イエス」と答える。

◆明日からできるお試しパック

① 今名刺を持っている人の中から、新たに良い関係を築きたいと思う人に連絡をとってみる。

② 可能であれば、目的を作って直接会いに行く。

③ 機会があればその方のネットワークで実施している活動（オンラインを含む）に参加してみる。

◆**実施指標（実務的方法の実施状況の数値評価方法）**

　「10人の信頼できる人作るぞ」計画はいかがでしょうか。人との信頼度を5段階で評価します。まず、こちらの思いで信頼したい10人をリストにします。10人できないときは可能な範囲でかまいません。

　次に、選んだ人たちとの現状の関係を評価します。

1段階　名刺交換した（お互い顔と名前は認識した、覚えたかどうかは別として）

2段階　こちらから講義への感想、仕事の感想、をメールで伝えて何らかの返事をもらった

3段階　相手の業務上や相手の趣味で関心があるだろう内容の話題提供をして何らかの返事をもらった

4段階　相手から何か頼まれたら、まず断らずに完璧でないにしてもできる範囲のことを提案実施した

5段階　こちらから何か頼んでやってもらえた、もしくは両者の共同で何か達成した

| | | 第1段階 | 第2段階 | 第3段階 | 第4段階 | 第5段階 |
		名刺交換	メール交信	情報交換	依頼に対応	共同作業
1	○○さん					
2	○○さん					
3	○○さん					
4	○○さん					
5	○○さん					
6	○○さん					
7	○○さん					
8	○○さん					
9	○○さん					
10	○○さん					

100人との浅い付き合いより10人との信頼関係を築く

あとは、進捗状況を見ながら計画的に信頼関係を構築していきましょう。もちろん相手から離れていってしまう場合もあるでしょうから、リストの名前は洗い替えしながらになるでしょうか。10人が5段階にまでいけば100％です。

◆エピソード

Aさんは社外の交流会に出張した際に、先輩のBさんから「たくさん名刺交換してこいよ」と言われて違和感を覚えました。「大事なのは名刺の枚数ではないはず」と考えたAさんはいたずらに名刺交換はしなかったかわりに、「この人は尊敬できる、信頼できる」と思った人には、相手の社会的地位や知名度に関係なく積極的に名刺交換を行い、その後もメールを送ってお礼、質問、相談などをした結果、例外なく丁寧な返信がありました。

それを機に長い間交流が続いている人も多く、それが新たなネットワークの広がりやビジネスチャンスにもつながっています。

7 相手を応援するクレーム
ポジティブクレームBOXの設定

◆**概要（困った状況と解決に向けて実務的方法）**

従業員満足度（ES：Employee Satisfaction）を上げようと、目安箱（広く意見を募るために設置した投書用の箱）的な制度を設定している会社も多いと思います。この制度には、会社が気付かなかった課題や改善の

ヒントを現場の従業員の情報から知ることができるというメリットがある一方で、会社に対する不平・不満・批判など、他責的で建設的ではない意見が寄せられる場合もあると思います。

ここでは、「ポジティブクレーム BOX」という新たなネーミングの制度を導入することをお勧めしたいと思います。なお、"クレーム"という言葉の意味は"要求する"ことや"主張する"ことで、本来はネガティブな要素はもたないのですが、日本では"クレーマー（言いがかりをつける人、文句を言う人）"という意味のイメージが独り歩きしているようなので、あえて"ポジティブ"という言葉を入れました。

この制度のルールを説明すると以下のようになります。

- 現状の課題を、客観的な事実としてできるだけ具体的に書く。
- 改善することで、記入者だけでなくほかの人や会社にとっての利益につながることを書く。
- できれば具体的な改善案と、その際の期待効果まで含めて記入する。
- 上記が守れるよう、定型の記入フォームを作成して使用してもらう。
- 寄せられた意見への回答期限のルールを設定し、これを必ず守る。

◆手順（導入の手順・準備）

ポジティブクレーム BOX 導入の手順・準備は以下の通りです。

1．「ポジティブクレーム BOX」設置規定を作成する。
2．規定には、目的、管理者、投書の方法、投書者の保護、投書内容に関する（上記の）ルール、検討の方法や期間などを明記する。
3．経営トップから全従業員向けにアナウンスする。
4．投書者に会社としての検討結果を回答するとともに、必要と判断した場合は速やかに対応を実施する。
5．投書の件数や内容は、定期的に社内向けに発表する。

相手を応援するクレーム 41

ポジティブクレーム

サンプル

〇年〇月〇日

所属　　　　　氏名　〇〇　〇〇

現状 （事実）	私有車で出張する際の交通費が「〇〇円/km」と固定されている。 （車通勤者の通勤手当は、ガソリン代の変動にリンクして変動する規定になっている）
課題	市場のガソリン代変動により、私有車出張時の交通費に不公平が生じている。
改善案	私有車で出張する際の交通費も、車通勤者の通勤手当同様、ガソリン代の変動にリンクして変動する規定に変更して欲しい。
改善時の メリットや期待効果	私有車出張に対する不公平感が解消され、適切な交通費補填が受けられる。

【会社検討結果】　　　　　　　　　　　　〇年〇月〇日

　適切かつ実現可能な提案と判断し、さっそく〇年〇月より提案内容を採用させて頂きます。
　ご提案ありがとうございました。今後とも気づいたことがあれば、どんどん提案して下さい。

人事部長　〇〇　〇〇

◆実践時はここを意識！

● 投書者は自分のためだけの要望ではなく利他の精神で投書する。

● 投書者は実名を記入するとともに、求められた場合は会社側担当者に直接意見を伝える。

- 会社側は必ず回答期限を守るとともに、提案を採用できない場合はその理由の説明や代替案を伝える。
- 投書者、会社の双方が前向きな姿勢で協力して改善に関わる。
- 投書する内容は、単なる"言いがかり"や"苦情"であってはならない。
- 会社は絶対に投書者の氏名を公表してはならない。
- 投書することで、双方の関係を悪化させる仕組みにしない。

◆明日からできるお試しパック

① まずはモデル職場（職場リーダーの立候補が望ましい）を設定し、その職場内で"ポジティブクレームBOX"制度を導入・実施する。

② PDCAを廻しながら、実施していくうえでの運用上の課題を整理、解決していく。

③ 結果を社内に水平展開しながら、最終的には全社的取り組みとして定着させる。

◆実施指標（実務的方法の実施状況の数値評価方法）

　実施状況（趣旨に沿った活用がなされているか）については、以下の指標で評価できると思います。

□ 投書件数

□ ポジティブクレームの内数（割合）

□ 回答期限順守率

□ 提案採用率 / 継続検討率

□ ES評価（向上率）

　上記を定期的に実施し、結果を採用案件とともに社内に公開することで、目に見えた変化があれば従業員の意識も変わると思います。

◆エピソード

　Aさんは以前から会社の私有車出張時のガソリン代申請ルールに矛盾を感じていましたが、一般社員である自分が意見を言うことはできないと諦めていました。ところが最近、全体の利益につながる内容であれば誰でも提案でき、会社は必ず検討してその結果もフィードバックしてくれるという「ポジティブクレームBOX」ができたので、さっそく投書したところ、思いがけず採用してもらえたので、会社に対する見方が以前よりも良い方向に変わってきました。

双方向コミュニケーション

8 一人で抱えず誰かに相談を
一人でできることには限りがあるし、ほかの人の育成や組織の成長にはつながらない

◆概要（困った状況と解決に向けて実務的方法）

　No.2（21ページ）では「できるかどうかではなく、どうすればできるかを考える」というお話をしました。その中で、手順として「そのために必要なサポート（人・モノ・金・情報・時間など）を要求する」ことにも触れましたが、ここでは特に"人（誰か）"のサポートを受けることの重要性について書きたいと思います。

　皆さんの中には"自分の仕事や悩みごとを誰かに相談して助けてもらう"ことが苦手な方も多いのではないでしょうか。その理由として考えられることはさまざまです。

44 ｜ **3章　実務的方法【対個人編】**

- 弱音を吐けない。弱音を見せたくない。
- 相談できる相手がいない。
- (仕事であれば)自分でやったほうが早い。他人に説明してやってもらうのはおっくう。
- (悩みごとであれば)恥ずかしくて他人には相談できない。

　しかし、一方で相談される側の立場としてこんなことを感じたことはありませんか？
- 相談してきた相手を「ダメなやつだ」「弱いやつだ」とは思わない。
- 自分を信頼して相談してもらえたことが嬉しい。
- 「自分と同じような悩みを抱えているんだな」と安心した。
- いいアドバイスや支援ができて、自己肯定感・自己効力感が増した。

　また、相談することによるメリットとしては以下のようなことがあげられます。
- 誰かに相談するだけで、自分の気持ちが楽になったり頭の中が整理できたりする。
- 相手から支援を受けられたり、参考になる情報や知識が得られたりする。
- さらに協力に支援してもらえる人につなげてもらうきっかけになる。
- 相談された相手の成長にもつながる。

　つまり、相談することによるデメリットは少なく、メリットは多いといえると思います。ただし、相談する際には以下のことに留意する必要があります。
- やみくもに他人に相談するのではなく、自力で解決できる問題は他

一人で抱えず誰かに相談を　　45

人に頼らない。

- 相談する相手は、身近にいる信頼できる人や専門家など、相談相手を選ぶ。
- 最終的に決断するのは自分であることを忘れない。相談相手に責任を負わせない。

◆明日からできるお試しパック

① 自分が今抱えている課題を整理し、自力で解決できるかできないかに分類する。
② 自力では解決できない課題について、身近にいる信頼できる人や専門家など誰に相談するか決める。
③ じっくり相談に乗ってもらえる時や場所を選んで相談する。
④ 相談したいことは、自分の考えを含めて落ち着いて伝える。
⑤ 相手から支援が得られた場合は丁寧にお礼の気持ちを伝える。

◆実施指標（実務的方法の実施状況の数値評価方法）

　メンタルマネジメントや従業員満足度のアンケートに「ここ1年間で産業医、先輩、仲間、社外の人、家族など、誰かに悩みごとの相談に乗ってもらったことはありますか？」という質問を入れて、1年間に1回でも乗ってもらったことがあるという人の比率を測定しましょう。

　「相談できる相手はいますか？」と聞いてもあまり意味がないかもしれません。日頃から誰かに相談する癖をつけることが大事です。

「一人で抱えず誰かに相談を」エピソード

9 突発の休み・遅刻は メールではなく電話で連絡

メールでは情報は伝わっても状況や感情は伝わらない

◆概要（困った状況と解決に向けて実務的方法）

　今の世の中、コミュニケーションの手段は非常に多岐に渡っています。一昔前は、新入従業員研修で、「病気などで会社を休むときの連絡は、親ではなくできるだけ本人がするように」という話があったという、親の過保護ぶりを揶揄するような話も聞いたことがありますが、今は上司に（もしくは伝えやすい職場の先輩を経由して）メールや LINE で " 休み " を伝えてくるという例もよく聞きます。しかし、文字情報だけでのやりとりは、あまり望ましい姿とはいえません。急な休みを連絡する際は、直属の上司に直接電話を入れるのが基本です。

　「メラビアンの法則」をご存じでしょうか？　アメリカの心理学者であるアルバート・メラビアンが行った実験結果をもとに提唱したもので、人と人がコミュニケーションを図る際、「言語情報７％」「聴覚情報３８％」「視覚情報５５％」という割合で影響を与えていることを示した心理学上の法則です。これを " 休み " の連絡に当てはめると、メールや LINE で伝えることができるのは言語情報のみですから、「今日はお休みする」という情報を伝えることはできても、微妙なニュアンスを伝えることは難しいことはわかると思います。もちろん「今日は体調が悪いのでお休みします」と報告するために出社を求めるわけにはいきませんし、カメラ ON のオンライン面談も体調の悪いときには抵抗があると思いますが、電話で直接上司に話をすることで、ボイストーン（声の高

48 ｜ 3章　実務的方法【対個人編】

低や大きさ、話すスピード、抑揚など）から得られる情報は多いと思います。

◆**手順（導入の手順・準備）**

　定着させる方法はとてもシンプルです。理由を説明して理解してもらうことは大切ですが、まずは「突発での休みや遅刻は上司に電話で伝えること」を職場のルールにしましょう。
もちろん、上司が電話に出られないときもあると思いますが、そのときは対応した人に伝言をお願いするというルールにすれば、少なくとも電話を受けた人がどんな様子だったかを上司に報告することができます。
　以下は、突発の欠勤・遅刻連絡のルールの一例です。
1．当日、体調不良などの理由から仕事を休む（遅刻する）ときは、直属の上司にきちんと電話連絡を入れる。
2．欠勤（遅刻）の連絡を入れるタイミングは、遅くとも始業予定時刻の１５分前とする。
3．直属の上司が不在で直接伝えられない場合は、代わりに電話を受け

た人が責任をもって上司に伝える。

4. その際には、伝言の内容だけでなく本人の声の様子（ボイストーン）も含めて上司に報告する。

◆実践時はここを意識！

● 部下は症状や欠勤予想期間をきちんと伝える。

● 上司は欠勤の連絡を受けたら、お見舞いの言葉をかけるとともにしっかり休んで（必要なら受診して）健康をとり戻すよう、伝える。

● 業務上の引継ぎ事項がある場合は、連絡時にお互いに確認する。その場合は電話だけでなくメールも使って、情報を正確に伝えることも必要。

● もちろん仮病を使ってのズル休みは NG。

● 上司の「この忙しいときに…」というようなネガティブな言葉も禁句。

◆実施指標（実務的方法の実施状況の数値評価方法）

このテーマはとても単純なことで、それほど頻度の高いものでもないと思うので、「突発の休み・遅刻の連絡は電話で行うこと」というルールを設け、それが確実に実施されていることをその都度確認できれば良いと思います。

◆エピソード

上司と直接コミュニケーションをとることが苦手だった若手従業員のAさんは、体調不良で休むときは優しい先輩であるBさんにメールで連絡を入れていました。会社として特に連絡方法のルールを定めていなかったために上司も黙認していたのですが、ある日突然診断書が郵送で届き、Aさんはメンタル疾患で長欠することになりました。上司が電話

50 ｜ 3章 実務的方法【対個人編】

で直接Ａさんと話ができていれば、もっと早く不調に気付いて、早期対応によって休職の長期化を防げたのではないかと悔やまれます。

10 叱られるときは上司の目を見て耳を傾ける

叱られ方によって、相手の感情を「怒り」にすることも、「教えたい」に変えることもできる（下からのコーチング）

◆概要（困った状況と解決に向けて実務的方法）

　皆さんは、上司やお客様に叱責されるような場面でどういう気持ちになりますか？　それはどのようなことを考えているからでしょうか？　人によって、また状況によってもいろいろだと思いますが、怖い、嫌だ、情けない、ムカつくなど、ネガティブな感情が湧いて「早く話が終わらないかな」と思いながら、嵐が去るのをひたすら待つ。「この場から逃げ出したい」ということばかり考える。そのようなことはありませんか？　そんなとき、相手の話の内容は自分の頭や心の中に届いてきますか？

　自分のそんな気持ちや状況は、意外と相手に見透かされているものです。もし逆の立場になったときに、相手がそのような気持ちや態度だったらどう思うでしょうか？　おそらく決して満足感は得られていないと思います。

　叱責されているときは、「なぜこの人は怒っているのだろう？　この人は自分に何を伝えたいのだろう？」と思いながら、相手の話を聞いてみてください。そうすると自分の態度や表情も変わってくると思います。相手を変えることはできませんが、自分が変われば相手も自ら変わろうとする可能性も出てきます。多少感情的になっていたかもしれない相手の態度も、こちらが話を一生懸命に聞こうとしていることが伝われば「怒

突発の休み・遅刻はメールではなく電話で連絡 ｜ 51

る」から「教える・教えたい」に変わってくるかもしれません。そうなれば自分もそこから得られるものがあるかもしれません。

　もし反論があれば、しっかり相手の話を聞いたうえで言ってみてください。人というものは、自分の話をちゃんと聞いてくれた人の話は素直な気持ちで聞けるものです。そうやって相手との関係を少し変える努力と工夫をしてみませんか？　コミュニケーションの第一歩は、相手の話を丁寧に聞くことです。

◆手順（導入の手順・準備）

　叱責されたときに上司の目を見て耳を傾けるための手順は以下の通りです。

1. 目を見て、言っていることを真摯に受け止め、必要と思ったらメモにとる。
2. 上司が落ち着いてきたら、自分が反省すべきと感じた点について上司に伝える。
3. 「今後のためにどのようにしたら良いか相談したい」ともちかけて、上司に話を聴いてもらえるように仕向ける。
4. 上司が聴いてくれる姿勢になったら、原因と対策の話にもっていき、「あなただけの責任ではなく、私のサポートにも課題がある」という言葉を引き出す。
5. 今後のために上司と自分のそれぞれの仕事への対応をどう変えるかをまとめる。

◆実践時はここを意識！

- 怖がらずに相手の目を見て、話をしっかり聞く。
- 相手が言いたいことを理解しようとする。

● 相手から学べることを見つける。

● 相手の怒りから逃れるために、自分の意に反して謝ることはしない。

● 相手の話を聞かずに自分の意見をぶつけることはしない。

● 自分の意見を伝えるときは、感情的になってはいけない。

◆明日からできるお試しパック

① 相手が怒っているときは相手の目をしっかり見て、その人が何を言いたいのか理解しようとする。

② 相手の怒りのトーンが下がってきたら、穏やかにこちらの意見を伝える。

◆実施指標（実務的方法の実施状況の数値評価方法）

　報連相、５Ｓ活動（整理・整頓・清掃・清潔・躾）や時間約束を守る、という基本的なことならともかく、それ以外の失敗で叱責するような上司やお客様には、時が過ぎるのを待ちつつ、まず手順に従って、手順１ができたかどうかを自己評価してみましょう。

　１ができていたら、６０点で合格です。自分を褒めましょう。２・３ができたら、８０点です、自分にちょっとしたご褒美を準備してください。４ができたら、１００点です、豪華なご褒美を準備しましょう。目標を決めるものでもありませんがゲーム感覚でやってみませんか。

手順	実施内容	得点
1	傾聴する	60点
2	反省点を伝える	70点
3	相談する	80点
4	対策を提案する	100点

叱られるときは上司の目を見て耳を傾ける

◆エピソード

　その昔、私が課長だった時代に、ある提案をするために部長と共に役員室に行きました。その役員は瞬間湯沸かし器のようなタイプの人だったので、予想通り説明を始めるとすぐに顔を真っ赤にして怒り出しました。

　部長は早々に「すみません。出直してきます」と部屋を出ようとしたのですが、その提案を必死にまとめた私は納得できません。部長を引き留めて役員に「もう少し(役員の)考えを聞かせていただけますか？」とお願いしたところ、それからかなり長時間にわたって提案内容に対して意見されました。

　役員の意見の中には「なるほどたしかに」と思うこともあれば、「それは誤解だ」と感じたこともありましたが、話しているうちに少しずつ役員の怒りのトーンが下がり、話し方が穏やかになってきました。それを見計らって、こちらから「ここはおっしゃる通り変更したほうが良いと思いましたが、この部分はこういう理由で…」と説明したところ、結果的にはほぼ原案通り提案内容を承認してもらうことができました。

11 すべての人に
カウンセリングマインドを
カウンセリングマインドはカウンセラーだけに
必要とされるものではありません

◆概要（困った状況と解決に向けて実務的方法）

　私は産業カウンセラーという資格をもち、今はその資格と経験を活かした"カウンセリング"という仕事をメインに活動しています。

　"カウンセリング"というと、専門的な職業に就いている人の行う特別な行為をイメージする方も多いかもしれませんが、おそらく誰もが身近な人に対して無意識に行っている行為でもあると思います。

　ちなみにネットで"カウンセリング"と検索すると、「相談者（クライアント）の抱える問題・悩みなどに対し、専門的な知識や技術を用いて行われる相談援助のこと」と書かれていますが、"カウンセリングマインド"と検索すると「コミュニケーションにおいて、相手の立場に立って理解しようとする態度のこと」などと書かれており、「専門的な…」という言葉はありません。

　上記の定義からも"カウンセリングマインド"を身に付けることは誰にとっても大切なことだといえると思います。ちなみに"カウンセリング"には相談者の「自己解決」を助けるという意味合いもあり、相談者自身の成長を促すことにもつながるので、企業においても"カウンセリングマインド"をもって人と接することは相談者のパフォーマンスや生産性を高めることにもつながるのではないでしょうか。そこでこの章では"カウンセリングマインド"を身に付けるためのコツを紹介したいと思います。

すべての人にカウンセリングマインドを　　55

◆手順（導入の手順・準備）

"カウンセリングマインド"をもって人と接するために心がけるべき手順をご紹介します。

1. まずは相手に関心をもち、相手との信頼関係を築くことで、相手から安心して相談してもらえる存在になりましょう。

2. 次に、相手の話を途中で遮らず最後まで耳を傾けることで、相手の気持ちや考えを理解しましょう。

3. それから相手の相談内容を一緒に整理しながら、以下に分類してみましょう。
   ① 相談者が自ら解決できること
   ② 誰かの支援が必要なこと
   ③ 解決は難しいこと

4. 相談内容を上記①～③に分類できたら、それぞれ以下のことを行ってください。
   ④ 相談者の実行計画作成を支援
   ⑤ 支援先に関する情報提供
   ⑥ 悩むことをやめられるよう促す

◆実践時はここを意識！

- 日頃から常に穏やかな表情を心がける。
- 相談されたときは忙しくても仕事の手を止める。もしくは時間を約束して、改めて相談に乗る。
- 相談してくれたことへの感謝の気持ちを伝える。
- 相手の相談ごとを自分が解決してあげようとは考えない。
- 難しい相談でも「ムリ」とは言わない。
- 上から目線で説教はしない。

◆明日からできるお試しパック

① 自分から誰かに相談ごとをもちかける。

② 相談した相手の対応から（良いところも悪いところも）学ぶ。

③ 相手の良いところは見習い、「良くない」と思ったところも反面教師
として活かす。

	実施内容	得点
1.	相手に関心を持ち、相手との信頼関係を築く	50点
2.	相手の話に最後まで耳を傾ける	70点
3.	相談内容を一緒に整理	80点
4.	①相談者の実行計画作成を支援 ← 相談者が自ら解決できること	
	②相談者の実行計画作成を支援 ← 誰かの支援が必要なこと	100点
	③悩むことを止めるよう促す　　← 誰かの支援が必要なこと	

◆エピソード

　A課長は日頃から問題行動の多い従業員のBさんに手を焼いていて、厳しいルールを決めてそれを守らせることで問題行動を抑制しようとしましたが、それがもとでBさんから避けられるようになったばかりか、Bさんは体調も崩してしまいました。

　そこでA課長はやり方を改め、Bさんを含む従業員の全員と定期的な1on1を実施して、Bさんのことをもっと理解しようと努力しました。その結果、Bさんの「忙しそうなA課長に相談して時間をとらせるのは申し訳ないので、自分の判断で何とかしなければ」という考え方が、間違った行動を繰り返すことにつながっていたことを知りました。

　そこでA課長は「これからはわからないときはどんどん相談してかまわないから、遠慮しないで」とBさんに伝えると、Bさんは問題行動が減り、体調も改善しました。A課長も「安心して相談してもらえるような雰囲気を日頃から醸し出すように努力しよう」と反省しました。

すべての人にカウンセリングマインドを　｜　**57**

上司として（部下との関わり方）

12 何度も同じことを指導するのは指導する側に問題あり

お互いにエネルギーと時間のムダ。
なぜ同じことが繰り返されるのかを考える

◆概要（困った状況と解決に向けて実務的方法）

　たまに見かける風景ですが、上司が特定の部下に対して頻繁に説教をしていることがあります。特にパワハラ上司にありがちな状況ですね。そんなときに上司に事情を聞くと「彼は何度言っても同じミスを繰り返す。ほかの人はみんなできるのに！」と、その部下に問題があることを訴えますが、問題があるのは本当に部下だけでしょうか？

　部下は上司の言動を理不尽だと感じていても、「上司と部下の関係はこういうものだろう。決して厳しすぎるとは言えない」と思い、会社にパワハラとして訴えるケースは少ないと思います。また、部下が根負けしてできもしないのに「はい。その通りやります」と言ってしまっている場合もあると思います。

　たしかに、ほかの人はできていることがその部下だけができないのは事実かもしれませんが、だからといって毎回同じように指導することはお互いのエネルギーと時間のムダになっていませんか？　ましてや、そのために部下が自信やモチベーションを失ったり、さらには心を病んで休職、退職したりするようなことになれば、会社にとっても大きな損失やリスクになりかねません。

　もしこのような状況に陥っていたら、同じことを繰り返さないために

58　　3章　実務的方法【対個人編】

はどうすれば良いかを上司の側にも考えてほしいと思います。

◆手順（導入の手順・準備）

何度も同じことを指導せずに済むための手順は以下の通りです。

1．まずは自分が特定の部下に対して"毎回同じことを指導している"ことに気付く。

2．部下がなぜ、同じ間違いや失敗を繰り返すのかを考える。

3．どうすれば同じ間違いや失敗を繰り返さずに済むかを、部下と一緒に話し合い、対策を考える。

4．もし、部下の能力や適性に課題があり、解決が困難と判断した場合は、担当業務の見直しや配置転換も検討する。

◆実践時はここを意識！

● 間違いや失敗に対しても、その過程をよく見て、できていたこととできていなかったことを確認する。

● 部下それぞれの適性や強みを見つける。

● 部下の意見も聞き、部下と一緒に対策を考える。

●「なぜ、ほかの人はできるのにあなたはできないのか！」はNG。人には誰にでも向き不向き、得意不得意がある。

● 自分の怒りの感情を相手にぶつけてはいけない。相手が委縮するだけ。

● 結果（できたかできなかったか）だけで部下を評価しない。

◆明日からできるお試しパック

① 上司の上司との定期的面談（1on1）。

② 自分のこと以外でも"目安箱"に入れることの奨励。

③ ハラスメントやメンタルマネジメントに関する一般教育を定期的に

実施。

④ 部署の小集団改善活動で課題として深堀りする。

◆実施指標（実務的方法の実施状況の数値評価方法）

以下のような「進め方リスト」を使い「何度も同じことを指導する」状況を解決しましょう。

● いつも叱ってしまう相手とゆっくり話す時間をもつ。

（お互いに何とか関係を改善しなくてはと思っていることが大前提）

● 対象となる業務をいつまでに実施するかの目標時期を確認する。

● 両者の分担（上司が支援する部分）を合意する。

● 定期的な打ち合わせで PDCA を繰り返す。

● 目標通りに業務が終了したら、労いや感謝の言葉を伝える。

上記が上手く進めば、指導する側の問題は解決したといえます。「合格」と評価しましょう。一方で、叱りやすい人を意図的に見つけて徹底的に叱ることでほかの人を支配しようという発想の人もいますので、その場合には直ちに上位者に直訴しましょう。ただし、本人はなかなか言いにくいことも多いので、周囲がそれを感じたら代わりに直訴してください。

◆エピソード

ある管理職が、特定の仕事に対して同じミスを繰り返す部下のＡさんに対して「なぜ同期のＢさんはできるのにあなたはできないのか！」と毎回叱り続けた結果、自己肯定感が低くなったＡさんはもともと得意だったはずの仕事も含めたすべての仕事に対してすっかり自信とやる気を失ってしまいました。

心配した家族の勧めで転職したＡさんは、そこで本人の適性に合っ

た新たな役割を与えられると自信を取り戻し、その会社にとってなくてはならない存在になりました。

　もし前職の管理職がAさんの適性を早い時期に見極め、ミスを繰り返すことに対して怒りの感情をぶつけるのではなく、別な対応をしていれば、Aさんは転職することなく成長を続け、会社にとって貴重な財産になっていたかもしれません。

13 従業員の自慢話を聞く

酔っぱらった上司の自慢話を聞かされるのは苦痛ですが、
従業員の自慢話を聞かせてもらうことにはメリットがたくさんあります

◆概要（困った状況と解決に向けて実務的方法）

　「従業員との信頼関係がなかなか築けない」「従業員が自分に対して心を開いてくれない」という方はいませんか？　最近の風潮として、上司に対して自分のプライベートのことにはあまり入ってきてほしくないと考えている従業員は増えているようです。

一方で上司の立場としては、従業員との信頼関係を築くことがパワハラ対策になったり、仕事をするうえで従業員のパフォーマンスを引き出したりすることにも役立つといえるのではないでしょうか。

　最近は、上司と従業員の関係構築の手段の一つとして"１ｏｎ１ミーティング"が有効といわれていますが、これもやり方を間違えるとかえって関係が悪化する場合もあります。そこでこの章では"１ｏｎ１ミーティング"の際のテーマの一つとして、"従業員の自慢話を聞く"ことをお勧めしたいと思います。

　その期待効果としては、以下のことがあげられます。

- いつもは無口かもしれない従業員を雄弁にすることができる。
- 従業員の人となりや、従業員の意外な特技・経歴を知ることができる。
- 従業員が上司に対して親近感をもつことにつながる。
- 話の内容によっては、従業員の仕事にも活かせる能力が見つかり、向いている仕事を担当してもらえるきっかけになるかもしれない。
- 従業員との意外な共通点を見つけられることがある。

◆**手順（導入の手順・準備）**

　従業員の"１ｏｎ１ミーティング"で従業員の自慢話を聞かせてもらう。

1．従業員が安心して話せる場所と時間を確保する。

2．「今日は○○さんの自慢話を聞かせてほしい」とお願いする。

3．従業員の話を、興味をもって（身を乗り出すような感じで）聞く。

4．話の内容に対して、従業員がさらに気持ちよく話せるような質問をする。

5．最後に自慢話を聞かせてもらったことへのお礼を言う。

◆**実践時はここを意識！**

- 従業員が気持ちよく話せるよう、傾聴に徹する。

62　　3章　実務的方法【対個人編】

- 従業員が答えたくなるような質問をする。
- 話の内容に対するポジティブな感想を伝え、否定的な感想は言わない。
- 従業員の自慢話を横取りして自分の自慢話をしない。
- 従業員の話に関心がないようなそぶりを見せない。

◆明日からできるお試しパック

① 身近な人たちの自慢話を聞かせてもらう。

② 他人の話を、関心をもって聞くことのメリットを体感する。

③ 時には安心して自分の自慢話を聞いてもらえる相手を見つける。

④ １ｏｎ１などの機会を設け、従業員の話を聴くことを習慣化する。

◆実施指標（実務的方法の実施状況の数値評価方法）

- 従業員の自慢話帳を作りましょう。
- 最初に自慢話を聞きたい人のリスト（従業員のリスト）を作成します。
- あとは1on1の機会に自慢話を聞いて、ざっくり中身を書き留めていきます。
- 全員のぶんが揃ったら完成です。
- 完成目指して星取表を埋めていってください。毎月１人くらいを目標に達成率をみてはどうでしょうか。

◆エピソード

　入社して間もないＡさんは、同僚と上手く人間関係が築けないことから抑うつ状態になり、心療内科を受診したのを機に専門医を紹介され、そこでADHD(注意欠陥・多動性障害)と診断されました。

　上司のＢさんは、ほかの従業員と同様にＡさんと定期的な１ｏｎ１ミーティングを続ける中で「自慢話を聞かせてほしい」とお願いしたところ、最初は「自慢できるようなことは何もありません」と言っていたＡさん

から「学生時代に一人で計画して東南アジアに旅行し、いかだで川を下りました。その後アメリカでも、いかだで川を下ってきました」という話を聞き、とても驚くとともに興味深くその話を聞かせてもらいました。

　その後、あまり他人に心を開こうとしなかったAさんが、Bさんとは安心して対話できるようになりました。BさんがAさんの希望を聞きながら、得意分野を活かせる仕事を担当してもらうようにしたことで、Aさんの体調や勤怠は安定し、Aさんは就業を続けています。

14 部下の「いつもと違って」に気付こう

いつもしっかり部下とコミュニケーションをとっていれば、
部下の変調にもいち早く気付ける

◆概要（困った状況と解決に向けて実務的方法）

　オンラインの時代になって、昔に比べるといつもしっかり部下とコミュニケーションをとることが難しくなりました。さらにコロナ禍以降はテレワークが急速に広まって、対面でもマスク越しのコミュニケーションで相手の表情や顔色をうかがいにくくなっています。

　しかし、部下の健康状態に留意することは上司の大切な役割（健康配慮義務）の一つです。部下の"いつもと違って"に気付くためには日頃のコミュニケーションが大事です。上司の皆さんは、家族以上に部下と関わる時間が多いかもしれません。特に管理監督者等、責任ある立場にいる人は「自分が弱音を吐くわけにはいかない」と、つらくても限界を超えるまで無理をしているケースも多いので要注意です。

◆手順（導入の手順・準備）

「いつもと違って」に気付くための手順は以下の通りです。

1．毎日必ず、始業時と終業時には部下と挨拶をする。（テレワーク勤務の場合は、できるだけカメラ ON で挨拶、会話をする）

2．その際には、言葉のコミュニケーション以外にも、ノンバーバルな情報も意識する。（笑顔が少ないなぁ、なんだと落ち着きがない、最近出勤が遅いなぁ、発言が少ないなぁとか、事務所の中で声が聞こえないなぁなど、気付く機会があるはず）

3．変化を感じたら、具体的に感じた内容を伝えて、「最近、元気がなさそうだけどどうしたの？」などと心配していることを伝え、相手の話を聞く。

4．"１ on １ミーティング"のように、定期的に部下の話を聞く機会を設けることも有効。

◆実践時はここを意識！

● 相手の話を聞くときは、時間をとって会議室など落ち着ける場所で。

●「あなたのことを心配している」という思いが相手に伝わるように。

● そのためには、日頃からの信頼関係が築けていることが大事。自分だけの力で解決は難しいと思ったら、本人の了解を得たうえでほかの人に相談する。相手の了解を得ずに勝手にほかの人に相談すると、信頼関係が崩れる恐れあり。

●「鬱なんじゃないの？」といった表現 (疾病性) での声かけはダメ。

● 相手を責めたり尋問したりするような姿勢では、相手が心を閉ざしてしまう。

◆明日からできるお試しパック
① "始業時と終業時の部下との挨拶" の励行。
② 定期的な "１ｏｎ１ミーティング" の実施。
　例）２ヶ月に１回、１年間以上継続。

◆実施指標（実務的方法の実施状況の数値評価方法）
　診断書を受けとって初めて部下の健康問題（特にメンタル疾患）に気付くケースを年間でゼロにする。

◆エピソード
　ある職場で、課長のＡさんが突然休み始め、「うつ病の診断で、２カ月間の自宅療養を要す」という診断書がＢ部長のもとに届きました。Ｂ部長にとっては晴天の霹靂でしたが、Ａさんの部下たちはＡさんの最近の様子の変化に薄々気付き、心配していたとのことでした。
　Ｂ部長は「優秀なＡ課長がメンタルなどやられるはずがない」という先入観からＡ課長の変化を見落としていたようです。その後Ａ課長は長期間の休職を余儀なくされ、復職後も管理職に戻ることはありませんでした。

第4章

実務的方法

メンタルマネジメント・ワークエンゲージメント ツール

【 対組織(＝(従業員の)行動規範)編 】

方針を出し、従業員の意見を取り入れてサポートする組織的活動

　会社が方針を出して、「第1に……第2に……第3に……を実施します」と言っても、なかなか現場が動かないというのはよくあることです。会社は組織的に方針や大きな実施事項・予算を準備する必要はあります。それを受けて実際の活動をするのは個人になってきます。やはり個人の意見を積極的に仕入れる必要があります。意見や要望はありませんか？　と聞くだけでは集まりません。実際に上司が一人ひとりに働きかけて上手く意見を聞き出すという活動が必要になりますし、これも組織的に行う必要があります。

15 メンタルマネジメント中期計画

メンタルマネジメント宣言・方策・対話・確認で着実な実現

◆概要（困った状況と解決に向けて実務的方法）

　中期計画というとどうしても売上高、利益計画、予算、人員計画、投

メンタルマネジメント中期計画　|　67

資計画と固い言葉が思い浮かびます。中期計画とは企業運営のため、今後3年から5年の目標と主な活動を表現したものを基本に考えます。この新しいメンタルマネジメント計画では、実施事項、経費（投資）と改善活動による収益改善を合わせて計画します。これにより、従来のメンタルマネジメントでの対応は経費として収益を圧迫するという捉え方ではなく、メンタルマネジメント方策を実施しながら改善を進めていき収益改善で回収するという考え方に立ちます。

◆手順（導入の手順・準備）

メンタルマネジメント中期計画の一連の活動として、メンタルマネジメント宣言、目標方策展開、対話、確認を順に行い確実な実行体制を作ります。

1. 事務局を指名し、月次メンタルマネジメント会議を設定。社長を議長にして、事務局を置く体制が必要で、年間の日時計画を先行して決める。

2. "メンタルマネジメント宣言"（健康宣言でメンタルにも言及したもの）の作成と社内への告知。

3. 実施事項と改善活動をチームで従業員の声を聞いて、中期計画を作成。今困っている課題の何をどこまでよくするのかを目標値として設定することで、達成できたかどうかを見えるようにする。

4. 会社トップからの改善課題を同時に設定。この改善による収益改善で、メンタルマネジメントにかかった経費以上のものを回収する。

5. 計画を全従業員と対話し、全従業員が自分のやるべきことを確認する。

6. メンタルマネジメントの実施項目も、会社トップからの改善課題もPDCAを早く回す。そのために、月次メンタルマネジメント会議を設定し、振り返りを四半期ごとに実施する。

◆実践時はここを意識！

- 数値目標を設定し結果責任者は社長とし、執行責任者を部長クラスの事務局長として体制を作る。
- PDCAは1ヶ月ごととして、月次メンタルマネジメント会議で進捗の確認と実施事項の中止・追加などを判断する。上手く進展しない場合は、上位者のサポートを増やす対応を基本とする。
- 課題リストを作成、課題ごとの担当者を決めて進捗する。
- 部署を超える課題には、上位者が率先して役割を分担する。
- 上手く進捗しない場合に担当者の責任を追及する。往々にして関連部署の協力が得られないケースが多いので、上位者が対応する。
- 効果のない方策をいつまでも続けることはせず、常に実施事項の効果を測定し、実施事項の入れ替えをする。新規の方策について、上位者がアイデアをどんどん出すようにする。

◆明日からできるお試しパック

① 会社トップからの改善課題によるチームでの改善活動を先行させる。その際に収益改善に直結し3ヶ月で効果が出るような課題の粒間ではじめる。
② メンタルマネジメント宣言は仮版で作成してみる。決定版は事務局とチームを編成して体制を作ってから作成する。

◆実施指標（実務的方法の実施状況の数値評価方法）

- 中期計画数値目標達成状況
- 課題一覧表の課題の納期までの解決率
- メンタルマネジメント宣言の理解度
- 中期計画の理解度

● ES（従業員満足度）評価（向上率）

上記を定期的に測定し、結果を採用案件と共に社内に公開する。

16 同僚との1on1

新人（新入会社員・異動含め）はその部署の全員と1on1・・・
友達探し、話しやすい人を探すお手伝い

◆概要（困った状況と解決に向けて実務的方法）

最近は、在宅勤務のように出勤しない働き方が定着してきていると思います。その結果、自宅で孤独を感じる従業員も多いと聞きます。ますます1on1の必要性が増してきているように思えます。上司と1対1で話す1on1は対話の方法としては、すでに定着している企業も多くあると思います。これに加えて同僚との1on1を考えてみましょう。

上司としての思いは、会社員が1つのチームとなり一丸となって目標に向かって、相互に助け合いながら進んでほしいと思っているのではないでしょうか。では、現実はどうでしょう。当初は自分の役割に従って、もしくは個人の目標に向かって努力します。しばらくして達成状況にばらつきが出始めます。上司としては遅れているメンバーの目標値をほかの人がカバーしたり、困難にぶつかっているメンバーを周りが助けたりしたりしてほしいと考えているのではないでしょうか。そうなっていますか？　個人の目標が達成してしまえば、あとはゆっくり行こうというスタンスの人がいたりしませんか。上司がカバーしてあげてほしいと言っても「なぜ私なのですか？」とか「残業が増えます」とか……。できない理由はいくらでも出てくるでしょう。ではどう対応すれば良いのでしょうか。

70　　4章　実務的方法【対組織編】

本当にありたい姿のチームになってもらうための方法として、同僚との１ｏｎ１を考えてみませんか。

◆手順（導入の手順・準備）

1．年度はじめから同僚との１ｏｎ１をすることを上司が宣言。

2．半年分くらいの何月何日何時という先までの日程を作成。

3．その時間は何を話すでもなく、お互いの人となりの理解や、趣味の話、できれば仕事のお困り具合などたわいもなく時間を使うことから始め、今の仕事の進み具合や困りごとなどを共有する。

4．本当に困ってから、チームにメンバーに頼むのではなく、日頃から状況を相互に知っている状態を作り、話しやすい環境を醸成する。ここで人間関係が醸成されていれば、今さら何もできないような状況になる前に相互に支援したり、困っているメンバーを助けたりという行動ができる。

5．上司は上司のやるほうが効率の良いことを、積極的に引き受けて支援し、成果が出たら褒める。

◆実践時はここを意識！

● 生活態度や５Ｓができていないために目標達成できない会社員が必ず出てくる。同僚もこのような同僚は助けたくないので、ここは上司が責任をもってきちんと注意する。これをやらないと周りの納得を得られない。

● 同僚同士の１ｏｎ１の実施状況を全員でシェアする。

● 上司が引き受けたことは必ず実現する。

● 相互支援が始まらないときに怒らない。それはおそらく上司に問題があると考える。

同僚との 1on1　　71

◆明日からできるお試しパック

　なかなか飲みニケーションはできない時代です。会社内でのたわいない会話を公認することからスタートしましょう。しかし、悪い習慣にならないようにできるだけ早めに計画を作って始めることをお勧めします。

◆実施指標（実務的方法の実施状況の数値評価方法）

● 　1on1実施状況（計画対実績）。
● 　お互いに支援したときは、感謝を送る（感謝の数、サンキューカード枚数など）。
● 　ES（従業員満足度）評価（向上率）。

　上記を定期的に実施し、結果を従業員と共有しても良いと思います。もちろん相談内容は秘匿です。

---

17 上司との1on1

上司との1on1・・・業務目標達成に向けて

◆概要（困った状況と解決に向けて実務的方法）

　上司との1対1の対話、1on1は対話の方法としてはすでに定着している企業も多くあると思います。そのときの上司からの投げかけは「どう？　困ったことはないかな」「最近どうかな？」という様子ではないでしょうか。

　1on1をする従業員も、これはきっと「従業員と対話しています」と言うための会社側のアリバイ工作なのだとしか考えていないかもしれ

ません。従業員側がそう思うようになってしまっては、もう時間の無駄ではないでしょうか。もちろん、この機会を捕らえて言いにくいクレームを言ったり、個人的な相談をする機会にもなったりしているわけですから、まったく無駄というわけではないと思います。ここでは新しい時代の1on1の方法について考えてみたいと思います。1on1を上司と従業員で行います。これにより、孤立感が少なくなり、リモートワークででもチームの一体感の向上が期待されます。その部署の新人、異動者はもちろん、派遣社員も含めるとさらに有効だと考えられます。

　新人や異動者に対しては、上司は可能ならば毎日30分程度で良いので、2週間くらいの期間は1on1を実施します。これにより上司の方針への考え方、上司との付き合い方、報告の仕方、仕事のクセなども良い悪いは別としても相互に理解する機会になると考えられます。

　上司の質問は「何かあなたのためにできることはありますか？」で十分です。今までの「何か困っていませんか？」などに加えて、この質問をします。もちろんこれで従業員からリクエストされれば、できるだけ実現することが大前提です。できないこともあると思いますが、ゼロ回答はしないという原則です。もう一つ重要なのは、リクエストをもらったら「私は（あなたのために）○○をしますから、あなたはその間に何をしますか？」と投げかけてください。双方が行動するというのが大事な原則です。

◆手順（導入の手順・準備）
　1on1導入の手順。
１．上司から、従業員に今後の1on1を実施することを宣言する。
２．上司が自ら時間を設定して取り組む。
３．個人個人と何を話してお互いに何をすることにしたかを記録する。

特に従業員と共有する必要はないが、上司は自分が引き受けたことを忘れないためにも記録する。

4. 2度目以降は前回の振り返り（何をお互い引き受けて進捗はどうか）からはじめる。

5. 上手く問題が解決したら、従業員を褒める。

◆実践時はここを意識！

● 特にありませんと言われたら、業務目標の進捗状況に対して、上司としてサポートできることをテーマに話をする。今後の育成計画も良いテーマだと思う。

● 最低でも月に1回は行う。そうでないとPDCAが回らない。

● 引き受けたことは実現する。

● 相談を受けて、従業員にあれこれ指示だけして自分では何もしないのはだめ。

● かけ声だけで1回限りになってしまう、もしくは半年に1度というようなアリバイ工作的1on1になってしまうようでは、かえって信頼を失いかねない状況になる。

◆明日からできるお試しパック

　すぐにかたちとして1on1にしなくても、日々の対話として「何か支援できることはありませんか？」と聞くことから始めてみましょう。上手くいっているか？　問題ないか？　計画は達成しそうか？　という前振りのあとは必ず「何か私が支援できることはありませんか？」と聞いてみましょう。これが自分の行動として定着してきたら、1on1を始めてみてはいかがでしょうか。

◆実施指標（実務的方法の実施状況の数値評価方法）

- 個人別実施回数（計画対実績）。
- 相談内容解決率。
- ES（従業員満足度）評価（向上率）。

　上記を定期的に実施し、結果を従業員と共有しても良いと思います。もちろん、相談内容は秘匿です。

18 プロセスを責めて人を責めない考え方

つい、誰かを怒っていませんか。根本的解決になるでしょうか

◆概要（困った状況と解決に向けて実務的方法）

　「○○君どうして気が付かなかったのか？」「あなたの部下だろう、なぜこのようになってしまったのか？」「誰のせいでこうなったのか？」「○○君が上手くできなかったのでこうなりました」「XXさんが遅れたせいです」

「△△さんにはやはり無理でした」どこかで聞いたことはありませんか。はっきり言っていなくても、個人を責めていませんか。個人の能力や行いや性格を責めていませんか。それで本当に再発防止できるのでしょうか。「二度と失敗しないようにキッチリ言っておけ！　ちゃんとXXさんを指導しろ！」という展開になるわけです。そんなこと言われても……と思いながら、今が忙しく、そのまま時が過ぎてまた失敗が発生する……。

　どうすれば良いのでしょうか。もちろん仕事ですから個人の能力に負うところは大です。しかしそれでも誰でも万能ではないことは知っているはずです。何とかするだろうとか、何とかなるだろうという希望的観測で仕事を任せた結果なのかもしれません。仕事はすべてプロセスとアウトプットで成り立っているということを考えると、そこに再発防止のヒントがあります。再発防止のためにはプロセスとスキルで原因を明確にして、対策して標準化します。

　すべての仕事にはそれを実施するためのスキルが必要です。上手くいかないことが発生したら、まず火消しが重要、これは明白です。その後、忘れずに失敗をプロセスとアウトプットとスキルで振り返ります。

　振り返りは、失敗した仕事のプロセスを"見える化"します。各プロセスのアウトプットも"見える化"します。そうすると、どこに失敗の原因があったか見えてきます。個人のスキルよりもプロセスに課題のある場合のほうが多いと思います。その上でプロセスに必要なスキルを洗い出して検証します。プロセス上の原因がわかれば、そこに対策をします。スキルに課題があればトレーニングを実施します。合わせて新しい仕事の手順を、マニュアルや標準書にしておけば良いと思います。

◆手順（導入の手順・準備）

　プロセスを責めて個人を責めない考え方導入の手順。

1．具体的失敗が起こったときに、プロセスから見ることをまずやってみる。

2．プロセスを書き出し"見える化"、アウトプットの帳票も一緒に貼る。

3．失敗が起こった原因を考える。（アウトプットするのに必要な情報の質が悪かったり、足りなかったり、タイミングが遅れていたり、という場合が多い）その上で、もしスキルが足りなければ対策する。標準化も忘れずに。

◆**実践時はここを意識！**

● 人を責めないといっても失敗には当事者がいるので、原因究明も当事者とその上司で基本的には行う。そのときに、人を責めずにプロセスに注目していることをきちんと伝える。そうでなければ振り返りといっても、ただ叱るための会になってしまいがち。

● 長いプロセスのときは、模造紙やポストイットを準備する。

● 当事者一人で仕事をしているわけではないので、必ず上司を含めた複数人で行う。

● 当事者に振り返りを任せっぱなしにせず、必ず複数人で当事者を責めずに実施する。

● 結局当事者がしっかりしないからだというような結論にならないように。しっかりできない原因にまで踏み込む。

◆**明日からできるお試しパック**

　振り返りも慣れないとなかなか時間がかかります。失敗したらまずは当事者と一緒に、原因についてプロセス視点から話をするようにしましょう。

　最初は３つの視点で始めましょう。①開始時にどんな段取りで仕事をするように指示があったのか、②途中報告の日時は指示されていたのか、③仕事に必要な情報は質量ともに問題なかったか。経験的にはこの３つ

で相当な範囲はカバーされると思います。

◆実施指標（実務的方法の実施状況の数値評価方法）
- 標準書が改定される、新設された数。
- ES評価（向上率）。

　上記を定期的に実施し、結果を従業員と共有しても良いと思います。失敗は組織が成長するためには必要なことです、それを個人の責任にはしないようにしましょう。

19 上司の仕事は従業員の仕事を支援すること
新時代のマネジメントのキーワード

◆概要（困った状況と解決に向けて実務的方法）
　「上司は従業員を選べない」とはいいますが、与えられた従業員では目標を達成するのは無理だ、こんなこと思ったことありませんか。たし

かに悩みは大きいと思います。与えられた人と予算で目標を達成するのが上司の仕事ですからね。従業員の立場ではどうでしょうか。「こんな上司じゃ、出る実績も出ないよ。もうちょっとしっかりしてほしい」こんな声も聞こえてきそうです。

どうすれば良いのでしょうか。中間管理職はつらいよと言っていても始まりません。今までなら、毎日の進捗を管理して、上手くいかなければ指示してドンドン進めるという方法でしょうか。この方法もきちんと具体的で有効な指示を出して、直ちに見事な成果が出ているときは大丈夫です。しかし、これほど変化の激しい時代にいつも上手くはいきません。さらに、従業員の自主性を重んじないと離反していく時代、パワハラがいわれる時代でもあります。

ここでは少し視点を変えて、上司として従業員を上手くサポートして「働いてもらってグループとして目標を達成する」「結果的にグループを管理する立場の者も評価される」という方式を考えてみたいと思います。基本的なスタンスはシンプルです。ギブ・アンド・テイクでギブが先という原則だけです。

◆手順（導入の手順・準備）

上司が従業員の仕事を支援するための手順。

1. 日々の目標と実績は見えるかたちにする。
2. 進捗が思わしくないときには、個別に面談をする（ここまでは今までと同じ）。
3. 面談での質問は「あなたの目標達成のために、私は何を支援すればいいですか」。ギブが先なので、この質問を先にする。なぜ達成できないのかという質問は後に回す。わがままな内容もあるかもしれないが、まずは聞くこと。

上司の仕事は従業員の仕事を支援すること　｜　79

4．次に、従業員自身は何をするのかを聞き、ギブ・アンド・テイクを成立させる。もし自分は何もしないという従業員であったら、もう一度考えてくるように促す。

5．上手くいかない場合、なぜ達成できないかをプロセスとアウトプットで振り返ったうえで、従業員から何をしてほしいかを引き出す。一見手間がかかりそうでも、結果的には業務の効率アップにつながる。

6．次の打ち合わせ日時を決めて、相互に約束したことを実施する。

◆実践時はここを意識！

● 打ち合わせ時に次の打ち合わせの日時を決める。

● 事実の再確認から始める。

● 双方納得するギブ・アンド・テイクを成立させる。

● 怒る、怒鳴るは我慢する。ハッタリもやめる。

● つい、こちらが要望したいテイクを言いたくなるかもしれないが、言わずに従業員が先に言うのを待つ。

◆実施指標（実務的方法の実施状況の数値評価方法）

● 目標値の達成状況。

● 次回打ち合わせの実施率。

　一気に良くなることはなかなかありません。打ち合わせを重ねながら行動の変容をするように仕向けることが大切です。

20 会社ではなく部署の ビジョン・ミッション

管理者は自部署がどうありたいかを語らないと信頼は集まらない

◆概要（困った状況と解決に向けて実務的方法）

　多くの会社にビジョン・ミッションがあると思います。さらに、行動様式、経営理念などいろいろと設定されていると思います。それを自分自身、従業員ともに理解し共感して、目指そうと一丸となっているでしょうか。もちろんそこに向かっているということはいえると思います。これらを体現した中期計画や年度・予算計画が立てられていることでしょう。

　では、従業員の方々にとってはどのような実質的意味があるでしょうか。案外不透明ではないでしょうか。これでは組織が一つの方向に向かうために、知恵を集結するには少しもの足りないかもしれません。「どうもうちの部署は一体感がないよね」「なんかこの部署はバラバラだよね」などと聞いたり、思ったり、言われたりしませんか。

　どうすれば良いのでしょうか。少し思い出してみてください。ご自身の尊敬する先輩や昔の上司などです。「私はこの部署を〇〇のようにしたい」「こんなことを本当はみんなで実現したい」「まずは今年これくらいまでできると良いのだけど」などなど語っていませんでしたか。大々的に皆の前で言っていたかどうかは別としても、飲み会の席や、たわいない会話の中で言っていたのではないでしょうか。きっと「〇〇さんがそう思っているなら協力しますよ」なんて会話をしたのではないでしょうか。

　会社からの方針展開だけではなく、部署やチームの管理者・リーダー

が自分の言葉で実現したいことを語ることで、部署やチームをまとめ上げるものだと思います。基本的には一度自分で文章を書いてみるのが良いです。

◆手順（導入の手順・準備）

1. 会社のビジョン・ミッション・経営理念などを再確認する。
2. その枠の中で、もしくは意識的に枠を外して、自分が実現したいことをいくつでも書き出す。部署としての目標値、どんな行動をするチームにしたいのか、メンバーには何を最も大切にしてほしいのか、など。
3. そこから、優先順位をつけて３つ程度を厳選する。そして自分に語ってみる。もちろん多少気恥ずかしいかもしれないけれど真剣にそう思っていることを書いているのだから、堂々と自分に語ってみる。
4. それから皆に話してみる。相手がどんな反応をするか見ながら、一人ひとりに語りかける。そして相手から反応（質問や反論や賛成）をもらって論議する。

◆実践時はここを意識！

- 紙に書いておく（配る必要はない）。
- みんなに一度に語らず、一人ひとりに語りかける。
- 途中で投げ出さずにともかく全員に語りかける。
- 自分の行動で率先垂範する。
- 体裁よく作ったり、うわべだけきれいな言葉で書いたりせずに、真摯に書く。

◆明日からできるお試しパック

　一人ひとりに語るかどうかは別にしても、部署・チームのビジョン・ミッション、大切にしていることなどを書いてみましょう。書いた内容をベースに、自分で行動してみましょう。きっと周囲は言葉に出さなくても見ています。皆に語りかけるのは自分の行動が変わってからでも良いかもしれません。先に言ってしまったほうが自分も含めて行動を変えやすい性格の人は、先に語ったほうが良いと思います。

◆実施指標（実務的方法の実施状況の数値評価方法）

- 全員に一人ひとり語って、反応をもらった件数。
- ES（従業員満足度：Employee Satisfaction）を定点観測し働きやすい職場を計画的に作る。

　取り組み始めてから時間はかかると思いますが根気よく、可能なら2、3カ月内で一周しましょう。

21
ブラザー・シスター制度
新入社員・新規異動者を受け入れて確実に戦力化する

◆概要（困った状況と解決に向けて実務的方法）

　「今度新人が来る」「〇〇から異動で人が来るらしい」「うちの部署でやっていけるのか」などなど、よく噂を含めてあります。管理する側から見ると、今度の新人は大丈夫だろうか、即戦力になってほしいが馴染んでくれるだろうか、などなど心配になります。実際問題、入社したと

きには「当面わからないことがあればXXさんに聞いてください」とい う感じで紹介されるのではないでしょうか。指導係に指名された人は、 「また私ですか？」とか「なぜ私なのですか？」とか、どうしても忙し いので不満の原因になります。この新人受け入れ問題は古くからの課題 で、昔は職兄制度と呼ばれる制度があった会社もあります。いってみれ ばその部署でのお兄さん・お姉さんとして、細かいことの面倒を見てあ げてくださいというポジションで、業務として認識されていました。現 在はどうでしょうか。ちゃんと業務として評価される仕事になっている でしょうか。

　ブラザー・シスター制度はいかがでしょうか。なんだ、名前を変えた だけか……と思われるかもしれません。制度ですから業務として認識さ れるということ、これは同じです。違いは何をやるのかが明確になって いるということです。これにより、新しく入社した人が戦力になるまで の日程感や、そのときまでに身に付けることがはっきりするようになり ます。これで来る人も、受け入れる人も、ブラザー・シスターに任命さ れる人も位置付けがはっきりします。

　大切なのは、新人受け入れをきちんと標準化することです。標準化さ れた内容の進行責任者が、ブラザー・シスターです。職兄という言葉が 時代に合わず、ブラザー・シスターになりました。そろそろジェンダー 論議の中で、この名称も変更を考えたほうが良いかもしれませんので、 それぞれの部署でご配慮ください。

◆手順（導入の手順・準備）

1. 職場ごとに制度として、実施することを決定する。
2. 受け入れにあたり、やるべきことのリストアップをする。新人・途中入社・ 異動で違いがあるかもしれないので、場合分けは必要。

3. リストアップされた内容1つ1つに実施者を決め材料・資料を準備。すべてをブラザー・シスターに依存はしない。ブラザー・シスターは進行管理がメイン。

4. 新入社員・異動者が来ることがわかれば、ブラザー・シスターを任命。

5. ブラザー・シスターは日程を作成して実施し、管理する。

6. 実施後は、本人、ブラザー・シスター、上司で振り返りを行い、年に一回は総見直しを行う。

◆実践時はここを意識！

● 項目別に皆で分担すること。

● ブラザー・シスターに任命された人を認知承認する。

● 振り返りは忘れずに実施する。

● 新人には新人独自の要望もあるかもしれないので、ヒアリングする。

● 形式的にならない。皆で分担して受け入れに携わることでチームへの参画感を醸成しようとしているので、フレンドリーに実施する。

● 何カ月もかけない。2週間を目処に一気に実施する。

◆明日からできるお試しパック

　自分が新しい部署に入っていくとしたらどんなことをしてほしいか、もしくは、この部署に来たときに教えてほしかったかなどリスト化して始めてみましょう。はじめから完璧を目指さず、簡略版で始めましょう。

◆実施指標（実務的方法の実施状況の数値評価方法）

● 実施事項一覧表の達成状況

● ES調査

ポイント

　ES調査は、はじめから会社独自で従業員への質問を作成しようとすると大変に手間がかかります。インターネット上にも参考になる事例は多くあります。これらを参考に会社の経営理念や行動指針を質問に織り込むという考え方が効率的です。大仕事になるかもしれませんので、新たに資料を作成せずに、既存のものを生かして行うようにしましょう。

22

メンター制度
知識・ノウハウ・人脈でサポートする

◆概要（困った状況と解決に向けて実務的方法）

　仕事が上手く進まない、なんか実績が出ない、効率がどうも悪い、上位者に相談してもスッキリしない。何か知恵や経験や、他部門の人脈がほしいと思うことはありませんか。上位者や同僚と相談しながら仕事は進めているが、壁を感じる、突破できない、スランプということでもないがキレが悪い……。

　そのようなときにどうしますか？　きっとあの先輩ならどうしたかなぁとか、尊敬する先人の経営者の言葉に頼ってみるとかでしょうか。可能なら社外の友人知人に相談したい部分もあるけれど、秘匿問題もあるので具体的な話はできず面倒臭い……。社内に知識・経験・人脈が豊富な大先輩がいて、気軽にサポートしてもらえると良いのだけれど……と思ったことはありませんか。それがメンター制度です。

　自分と大先輩の関係性を維持する制度です。自分のメンターは、自分

86　　4章　実務的方法【対組織編】

で選んだり会社が指名したりします。複数名を指名してもらうこともあります。1人だと必ずしも互いの相性が良い場合ばかりではないので、会社側の判断で複数名指名される場合もあります。メンターは、自身がもっている知識・経験・人脈でサポートしてくれます。自分もまた若手のメンターになり、長期的に関係を維持します。不要と判断すればやめることもできます。

◆手順（導入の手順・準備）

メンター制度について。

1. 個人が人事部門に申し出て、メンターの指名を依頼。
2. 人事はその人の要望に合わせて、他部門（直接の上司のレポートライン以外が原則）からノミネートする。
3. 双方会ってみて、納得すればスタートする。
4. 会社に制度がなければ、自分で大先輩を選んで個人的に頼むという方法が一般的な会社もある。

◆実践時はここを意識！

- 自分が信頼できる人を選ぶのが最善。
- 「自分は〇〇までやるので、この先××をサポートしてほしい」という依頼のかたちにする。
- 必ず思い通りに助けてもらえるというわけではないので、そこは理解しておく必要がある。
- 困ったときだけでなく、普段からコミュニケーションを忘れないようにする。
- 依頼心をもちすぎないこと、あくまでも可能な範囲でサポートしてもらうというスタンスで。

- 自分のメンターが誰であるかは吹聴しないようにする。

◆明日からできるお試しパック

　会社に制度がない場合が多いと思います。また自分で選んでお願いするといっても、どうお願いしていいのやら……という部分もあると思います。まずは、大先輩の見習いたい行動を書き出してみて真似るところから始めましょう。大先輩でも反面教師的な部分もあると思います。そこも合わせて真似しないように努めましょう。

　一方でこの人にメンターになってほしいと思える人が出てきたら、普段から連絡して近況を報告するところから始めるとよいと思います。

◆実施指標（実務的方法の実施状況の数値評価方法）

　普段のコミュニケーションを、月1回などのタスクにして達成することにしましょう。大先輩ですので多少おそれ多いかもしれません。大先輩とのコミュニケーションのとり方も合わせて学ぶつもりで取り組みましょう。

23

人に聞く耳をもってもらう

どんなに良い考えをもっていても聞いてもらえなくては進まない

◆概要（困った状況と解決に向けて実務的方法）

日々の仕事の中で報連相（報告・連絡・相談）が大切と、よくいわれます。たしかに大切ですが、これをきちんと実行するのも難しいものです。自分が報連相をしようと思っていても、相手とのタイミングも気になりますし、内容次第ではなかなか切り出せなかったりするかもしれません。普段から話をする関係性ができていればまだ良いのですが、たまたま報連相する必要ができてしまった人とは、さらに一段ハードルが上がってしまいます。

どのようにすれば上手く報連相できるでしょうか。３つの視点で考えてみたいと思います。基本的な考え方は、相手との距離を縮めて心を開いて聞く体制になってもらうことです。

１つ目は、話しかけ言葉から始めることです。話しかけるときに突然「相談があります」「提案があります」と話しかけても、相手は聞く準備ができていません。最初の言葉は「今お時間良いでしょうか」「お話ししたいことがあるのですが、良いでしょうか」というような言葉で始めます。相手が忙しければ「今忙しいので、あとでもう一回来てください」や「明日にしてください」などと言われるかもしれません。そのときは「午後にまた伺います」や「明日またお邪魔します」などと言って機会を変えます。このとき必ずまた伺うことを伝えてください。そうしないと「諦めたのか」や「それほど大した用事ではなかったのか」といったことを

人に聞く耳をもってもらう　89

思われてしまうかもしれません。必ずまた伺うことを伝え、その上で再度声をかければ大丈夫です。その場で話を聞いてもらえるか、もしくは具体的に何時に来てほしいというアポをとれると思います。

　２つ目は、相手の性格を考えることです。４つの性格に分けて語りかけ方を考えます。コントローラーといわれる管理型の人には「決めてとほしいことがあります」といったこと。アナライザーといわれる分析型の人には「事実（数字）がわかったのでお知らせしたい」といったことが良いと思います。プロモーターといわれる広報型の人には「新しい提案があります、面白いことがわかりました」というようなことが良いはずです。サポーターといわれる支援型の人には「助けていただきたいことがあります」といったことが良いと思います。相手の性格を見て使い分けましょう。相手の性格がわかりにくいときは、まずは仮置きして試してみましょう。

　３つ目は、タイミングを考えることです。明らかに相手が立て込んでいて忙しそうなときはやめましょう。そうはいっても、いかにも暇そうだという時間もないでしょうから、ベストは笑顔のときです。それもなかなかないかもしれませんので、相手が苛立っていたり、いかにも余裕がなさそうにしたりしているタイミングを避ければ良いと思います。

◆手順（導入の手順・準備）

　人に聞く耳をもってもらうための手順。

１．話しかける言葉からきちんと始める。

２．相手の性格を考え、報連相のかたちを工夫する。

３．タイミングを見計らう。

　この順番で試してみましょう。相手の性格を見ることは少し難しいかもしれません。第一印象で見分けるならば、コントローラーは頼り甲斐

がありそうに見えます。アナライザーは論理的で几帳面な印象です。プロモーターは楽しそうで、いつも周りに人がいて話題を提供します。サポーターは優しそうで、いつも話しかけやすい雰囲気をもっています。

◆明日からできるお試しパック

　最初にやってみることは、話す前に、話す内容をメモにして整理することです。喋る原稿まで作る必要はありません。これとこれをこの順番で話そう、という内容がわかれば良いので箇条書きで大丈夫です。

◆実践時はここを意識！

- こちらの言いたいことは、メモにまとめておく。
- 報告なのか、連絡なのか、相談なのかは最初に伝えるようにする。
- 原則３分以内というつもりで、まずは要点を簡潔に話す。
- ビジネスなので、大切なのは事実（数字やファクト）。想像や憶測・推測で会話をするのは避ける。どうしても必要なときには、「私の想像ですが……」というように必ず前置きをする。
- 最終的に何をアクションしてほしいのかが不明瞭な言い方はやめる。

◆実施指標（実務的方法の実施状況の数値評価方法）

　自分の中で３つの方法がどれくらいできていたか評価してみましょう。成功したかどうかは、報連相したことを相手がメモをとったかどうかで判断します。メモをとっていなければ、報連相がきちんと完了されたとはいえず失敗の可能性が高いと思います。

　基本的なコミュニケーションの方法論です。コミュニケーション能力はもって生まれた才能よりも練習でなんとかなる部分が多い能力です。練習しましょう。

24

職場改善活動

改善して職場効率を上げてメンタルマネジメント投資を回収する

◆概要（困った状況と解決に向けて実務的方法）

　メンタルマネジメントを推進していくと費用が発生します。いろいろ実施するのはいいけれど、タダでできるものではないので簡単には進められません。予算については、拡販や開発に使いたいし、そのほうの優先度が高い……という声が聞こえてきそうです。いろいろな実施事項には準備であったり、多少の経費であったり、時間が必要になります。これらの費用を投資と考えて、回収する方法が必要です。その最も効率的な方法が職場の改善活動です。

　製造現場での改善活動は、製品の原価低減・品質向上・歩留り改善などを主な目的として実施されてきたと思います。事務所はいかがでしょうか。5Sすらまともにできていない職場もあるかもしれません。きっと効率改善の材料がたくさんあるのではないでしょうか。時代が大きく変化するときにはますます材料が多くあると思います。職場の改善活動を活性化して、見えるかたちで効率向上を実現してメンタルマネジメントへの費用を投資として回収しましょう。

◆手順（導入の手順・準備）

　職場改善活動について。

1. 職場単位での活動を始めることを宣言する（年度の目標値、経費金額や総工数削減を含める）。会社として取り組む宣言がなくても職

92　　4章　実務的方法【対組織編】

場単位で十分。

2. 職場のメンバーを集めて、最近困ったこと、面倒だと思っていること、もしかしたら不要ではないかと思っていることなどを、ブレインストーミングして出す。ブレインストーミングとは集まったメンバーの知恵を"見える化"する技法。各人に付箋を配って付箋1枚に1項目（思っていること1つ）、できるだけたくさん書き出してもらう。皆の付箋を見えるところに張り出して、同じものは重ねてまとめる。発言するのを遠慮しがちな人も、この方法だと意見が言いやすい。

3. その中から、改善すれば効率が大きく出るもの、改善にさほど大きな手間がかからないもの（管理職の決心一つでできそうなものは優先度高い）で、優先順位を付ける。

4. 1つの課題を選んで、改善案を出して、まずその1つを解決する。

5. 解決したら、それを職場の標準書やマニュアルとして定着させる。

6. 皆で集まって、またブレインストーミングして課題を出して、取り組む課題を決める。

7. 上記を繰り返す。

8. 年度の予算に対しての進捗状況をフォローし、達成状況に応じた認知承認（表彰など）を行う。

◆**実践時はここを意識！**

● 課題には必ず数値目標を設定する。

● 予算で総工数削減を掲げた場合、1人／年以上の効果を目指すこと。少しハードルが高いかもしれないが、年間で1人以上の削減効果を目指すことが必要。この効果率で生まれた人員を、新しいビジネスやチャレンジのための原資に回す。

職場改善活動 93

- 掲げた目標期待効果のうちの１人を年度初めの時点でラインから外して、職場としてやりたくてもできていなかった課題に取り組んでもらう。改善達成後ではなく、改善スタート時点で職場内の役割変更を行う。
- 業務の効率向上を目指すものなので、すべての業務が対象になることを忘れないようにする。課題が枯渇しそうになったら、職場の業務の１つを取り上げて、その業務の２０％効率向上などに取り組む。総工数を２０％削減する、納期を２０％短くする、アウトプットの内容を点検して不要な内容を２０％削減するなど。
- 課題がないといって停滞させないようにする。
- １人／年以上の削減効果が出ても、職場内配置転換をしないでおくと、活動がだれてしまう可能性があるので注意。
- 振り返りと標準化を、忙しいことを理由にスキップしてしまわない。

◆明日からできるお試しパック

　改善活動の基本的なステップに慣れていない場合もあると思います。初年度の目標には職場の５Ｓを取り上げてみることをお勧めします。事務所の５Ｓも取り組みで改善の基本的なステップ、ＱＣストーリーがわかりやすいのでのお勧めします。

◆実施指標（実務的方法の実施状況の数値評価方法）

- 年間予算の達成状況
- 職場内配置転換した業務の達成状況

　職場改善活動も重要な業務であるという認識で実施することが大切です。

QCストーリー（クオリティコントロールストーリー） 問題解決の基本的方法論（手順）	
1. テーマ設定	1. できるだけ困っている事を具体的に
2. 現状把握	2. 現状は可能な限り事実・数字で見えるようにする
3. 目標設定	3. 目標は数値目標で納期や予算を明記
4. 原因分析	4. 原因は4Mなぜなぜで真の原因に対策、人を責めないのが原則
5. 対策立案	5. 真の原因に選択的に対策、全てに対策しないのが肝で80%が目処
6. 効果確認	6. 素早く実行して、効果が薄ければ対策を入れ替えるのが重要
7. 歯止め	7. 同じ問題が起こらないように仕事のプロセスを標準化する

＊7ステップで、次のステップに進む前に、それで良いかを確認するトールゲートを設ける

25

事務職のILUO管理
スキルの"見える化"とOJTの最適化

◆概要（困った状況と解決に向けて実務的方法）

　事務所のスキル評価は難しいです。例えば営業といってもどのように
スキル評価すればいいのか、総務のスキル評価はどうするのか、宣伝広
報のスキル評価はどうすればいいのか、などです。年度方針に対して、
今の従業員で必要十分なスキルはあるのでしょうか。

　人材育成は急務ですが、何をどれくらい育成すれば適材適所が実現す

職場改善活動 | 95

るのでしょうか。人材の必要性と合わせたかたちでの人財育成はどうで
すれば実現できるでしょうか。このように事務職の人財育成課題は重要
ですが、技術者ほど急いでいないことが一般的です。また、環境の変化
が激しくて求められる人材像が変わりつつありますが、どのように先を
見てリスキリングすれば良いのでしょうか。いろいろ考え始めるとキリ
がありません。まずどうすれば良いのかを考えたいと思います。

　事務職のスキルを"見える化"して、定量化します。これにより、ど
こに何をどれくらいできる人が何人いるかが見えるようになります。定
量化されますので、管理者は定量的に必要な人材を計画的に育成するこ
とができるようになります。これを実現するためにスキルのＩＬＵＯ管
理を実施します。ILUO管理とは、Ｉは知っているレベル、Ｌは他者のサ
ポートがあればできるレベル、Ｕは独り立ちしてできるレベル、Ｏは他
者に教えられるレベルとして分類することです。

◆手順（導入の手順・準備

　事務職のＩＬＵＯ管理について。

1. 各部署の役割分担（業務分掌）を、どんな書類を最終的に作成して
   いるかで定義する。完成品軸のマネジメント。
2. 各部署の作成書類に応じて必要なスキルを洗い出し、定義する。ス
   キルは重要なものから２０項目程度を選定。
3. 職場の全従業員をこの２０項目でＩＬＵＯ評価。０点はＩ以下の知
   らないレベル、１点はＩレベル、２点はＬレベル、３点はＵレベル、
   ４点はＯレベルで、個人別のスキル量を"見える化"。職場でこれ
   を足し算すれば、スキル総量を"見える化"できる。
4. 従業員それぞれがＯレベルになれば認知承認する。
5. 各年度でその年度の目標から見て必要なスキル量を考えて、必要な

96　　4章　実務的方法【対組織編】

育成計画を立て、ＯＪＴの計画を作成。

◆実践時はここを意識！

● 重要性の原則からスキルは２０項目程度に絞る。

● 「○○の書類が作成できる」というような書き方でスキルの粒感を記す。

● スキルの定義は重要性の原則で毎年見直す。

● 従業員別に誰がどんなスキルをどのレベルでもっているのかを人事的に記録し、従業員とも共有する。

● 職場のスキル総量をどれくらい伸長させるかを、管理職の評価項目にする。

● 管理職以外の従業員だけで、管理職の評価を行うべきではない。今はプレイングマネジャーの時代なので、管理職同士も評価する。プレイングマネジャーとは、管理職といっても担当者と同様に実務もこなしながらグループを管理する存在のこと。したがって管理職同士も評価が必要になる。

● 教えた経験もないのにＯ評価にしてしまってはいけない。ＯＪＴの指導者になった経験を経てＯ評価を与えるようにする。

◆明日からできるお試しパック

自分のスキル評価をやってみます。自身の職場の役割・アウトプットから必要なスキルを定義して、スキル評価を行います。

◆実施指標（実務的方法の実施状況の数値評価方法）

● ＪＴの実施状況

● ＥＳ評価

必要に応じて毎年でも必要なスキルを見直して再評価することが大切です。

事務職の ILUO 管理 ｜ **97**

26

表彰制度

認知承認の道具として最大限の活用を考える

◆概要（困った状況と解決に向けて実務的方法）

　会社に入ってから、会社から表彰状をもらったことのある人もいると思います。もらった表彰状は今どこにありますか。表彰状をもらった効果はいまだに継続していますか。もらったけれど部長表彰までで社長表彰はもらったことがない……表彰状はたしか会社か自宅の引き出しのどこかにあるような……もらったときはうれしかったけれど、その効果の継続って感覚はない……おおむねこんな様子ではないでしょうか。

　会社側としてはきっと大切に自宅の見えるところに飾ってあって、そこで頑張ろうと思った気持ちをいつまでも維持していてくれているという期待をしているかもしれませんが、それは少し現実離れしているかもしれません。ここに表彰制度を見直す機会があるように思います。

　表彰制度の目的は、会社としての認知承認です。会社として感謝を示して、今後とも活躍してほしいという期待で感謝状や表彰状や金一封を出したりします。会社によっては、金一封とはいえないくらいの大きな金額を出す会社もあるようです、これは表彰内容による利益のお裾分けでしょうか。

　表彰制度が、会社側の期待に沿って機能するためにはどのようになれば良いのでしょうか。数量を増やすこと、原則社長表彰のみとすること、人事的に記録すること、金一封は気持ちだけで十分……このような方式にチャレンジしてみてはどうかと考えます。

　現状どのくらいの表彰状が毎年発行されているかは、会社によってい

98 ｜ 4章　実務的方法【対組織編】

ろいろだろうと思います。表彰件数は毎年最大従業員人数分まで出そう
と予算することが望ましいです。会社として頑張ってほしいのが全員な
ら、全員に出せるくらいの予算を立てましょう。のちほど述べますが、
金一封は本当に気持ちで良いと思いますので、ほかに必要なのは表彰状
紙代、印刷費用、署名工数などだと思います。

　原則、社長表彰にします。会社としては、自宅に持って帰って、家族
のいる人は家族にも見せて、支えてくれている家族にも感謝を述べて、
家族から今後も頑張ってねと言われることを期待しているかもしれませ
ん。これを実現できるとすれば社長表彰です。わざわざ社長表彰・事業
部表彰・部長表彰などと形式的に分ける必然性はないと思います。人事
的に記録して、いつでも参照でき、会社の従業員の記録に残して、本人
が参照できるようにしておくことが大切です。表彰状の効果を長持ちさ
せたければ、これはぜひ実現したい内容です。

　金一封は本当に気持ち程度にします。表彰内容の効果次第で、金額差
をつけるのであればつけても良いと思います。予算に余裕があれば考え
ましょう。

◆手順（導入の手順・準備）

　表彰制度について。

1．制度設計し従業員に説明する。

2．年間何回かに分けて表彰し、金一封を渡す。

3．個人の人事記録に残す。

4．社内に広報する（オンラインで表彰内容と共に公表するのが良い）。

◆実践時はここを意識！

● チーム・グループへの表彰の際でも個人名で全員分の表彰状を用意する。

- 表彰式は各部署でも良い。
- 管理職も役員もアルバイト・パートも表彰する。
- 厳格な審査基準や表彰式は、かえって社長や役員を従業員から遠い存在にしてしまうので避ける。全員社長表彰なので堅苦しくならずに。

◆明日からできるお試しパック

　グループ内、課内で全員表彰を試してみてください。サンキューカードのように気楽な気持ちで始めてみてください。きっとグループの一体感を盛り上げてくれると思います。

◆実施指標（実務的方法の実施状況の数値評価方法）

- 表彰状発行枚数（従業員受賞比率）
- ES 評価

　大胆に思えるかもしれませんが、オープンな会社を目指すことにチャレンジしてみましょう。

27

職場徒弟制度

スキルの後継者を指名して育成することでの認知承認

◆概要（困った状況と解決に向けて実務的方法）

　最近は社内どの職場でも、スキルの後継者問題は深刻なようです。まず物理的に部署に後輩がいない、後輩がいたとしてもまだまだ若くて後継者に指名するほどの力量がなかったり、離職率が高く不安定だったり

という声を聞きます。

　職場ごとのスキルを明らかにして、そのスキルの指導者（教えられる人）とその人が指名した後継者（教えてもらう人）を人事的に明確にしましょう。指導者は育成のためにOJTを実施しますし、後継者はOJTを受けてスキルを身に付けていきます。これにより指導者は計画的にOJTができるようになります。後継者は会社として必要な人材と意識づけられることになり、本人のモチベーションにもプラスになり、定着率も向上すると考えられます。課題として残るのは、実際問題として後継者を指名したくても人がいないというケースです。この場合は少し中期的にはなりますが、他部門も含めて後継者指名することも考えられると思います。

◆手順（導入の手順・準備）

　職場徒弟制度について。

1．制度として人事で設計。

2．各部署において大切なスキルの定義をする。営業部門なら顧客プレゼンテーション、交渉術、商談クロージング、契約書、与信管理、支払条件・納入条件、海上輸送、海外決済……という粒間。これらの指導者を選定。すべて別の人である必要はなく、一人が複数スキルの指導者ということもある。

3．当該部署もしくは近隣部署にいる人から後継者を指名。指名にあたっては、本人にも意向確認が必要。将来的には指導者のいる部署に異動することが前提となるが、すぐということでなくても良い。一方で、ほかの部署にいてもOJTが可能なら継続。

4．指導者と後継者を人事的に登録・記録。

5．OJT計画を作成し実施。

◆実践時はここを意識！

● 総務・経理・人事の各部署も同様にスキル設定をする。

● 人事的に登録・記録し開示する（開示が大切）。

● 年に一回、指導者・後継者に変化がないか確認。

● 定年退職者が出た場合は、その後の連絡できる環境の整備をする。

● スキルを設定したのに、指導者・後継者を設定せずにいるのはよくない（かえってモチベーションを下げる）。

● 会社都合で本人の意向を無視した指導者・後継者の指名をするべきではない。

◆明日からできるお試しパック

　自部署の前に、自分のスキルの棚卸しをやってみましょう。自分は何の指導者であるかも書いてみましょう。合わせて、後継者名も仮に入れてみます。可能ならばそれに従って、ＯＪＴ計画を作成して実施しましょう。自部署全体の自己肯定感が上がるのではないでしょうか。

◆実施指標（実務的方法の実施状況の数値評価方法）

１．ＯＪＴ実施状況

２．ＥＳ評価

　徒弟制度は言葉としては古いので、マイスター制度やエキスパート制度など、会社の現状にふさわしい名称を作成することをお勧めします。指導者も後継者も自己肯定感の向上が期待されます。上手く社内広報にも活用されてはどうでしょうか。

第5章

日常の行動指針
【管理職編】

28 ワンランク上を目指す上司が常用する 脱！指示命令策 STEP1

◆概要・困った状況

　活性化していない会社の傾向として、従業員が上司の顔色ばかりを見て行動しがちな点があります。部下が自ら考えて行動した結果、ひどく怒られたり、ちょっとのミスでも成績にマイナス影響した経験があったり、周りから笑われたりなどと、ミスをした場合に自ら被害妄想的に意識をしてしまって、そういった自己学習の結果、必要以上に保身的になっているケースなど、人によってさまざまだと考えられます。

　本来、現場に近い従業員が現場の状況に基づいて具体的な判断をすべきところまで、意思決定を上司に委ねるため、一般的にすべての現場の末端にまでは目が行き届いていない上司が、細かいことまで多くの判断を求められ、判断に正確さを欠く懸念があります。"指示待ち社員"なんて言葉もありますよね。

◆解決へのコツ

　日ごろから、各従業員は自分に権限委譲がされてその都度意思決定し、動く訓練を積んでいることが肝要となります。

　もし従業員がトップの意向と合致しない行動により、結果的に組織としてはあまり芳しくない結果になっても、トップはあくまでそれは学習の機会ととらえ、では次回ならどうするか振り返って一緒に考えることが大切です。部下の失敗の際にも、トップは失敗をただ叱るのではなく、自ら振り返ってもらい、ケーススタディとして従業員に経験を積ませることが、従業員自身の実践力そのものとして身に付いていくことにつながります。

◆実践時はここを意識！

　失敗したらもうこの部下はだめだなど、レッテル張りをしないことです。上司は部下や上司自身の短期的成果のみに注目するのでなく、少々長い目で部下の成長を見守り、部下や周りの成長を促しながら中長期で成果につなげていく粘り強さが求められます。

　年輪企業を目指すからには、上司は上層部との日頃からのロビー活動などで部下やチームの成長を促しながら、急がば回れ方式のコンセンサスを得られていれば、一連の活動がより進めやすくなることでしょう。

29 ワンランク上を目指す上司が常用する
脱！指示命令策
STEP2

◆概要・困った状況

　上司が良かれと思ってせっかく権限委譲をしても、上司が部下に期待する動きとなかなか一致しないこともよくあります。

　また、部下に対して、「お前は余計なことはしなくていい。俺の言うことだけひたすらやっていれば良いんだ」といった態度の上司がいるケースがあります。こういった環境の中では、部下の成長は遅れますし、企業としての進化も遅れることが懸念されます。

◆解決へのコツ

　上司のスキルを"見える化"することが、解決への近道です。

　第一に、上司本人の秘匿のものとしてブラックボックス化されがちな技やスキルを"見える化"することです。その際、上司は 貴重なノウハウを隠し立てせずに、極力誰にとってもわかりやすいように噛み砕いてロジカルなステップに仕立てることが肝要となります。

◆実践時はここを意識！

　ステップごとにノウハウをわかりやすく伝承しやすいかたちにまとめます。上司が仕事のノウハウを部分的にしか開示しないことはよくありません。また、専門用語や慣用句を多用し過ぎたまま残して、後輩が学びやすい言葉に噛み砕く手間を惜しんではいけません。

30 ワンランク上を目指す上司が常用する
脱！指示命令策
STEP3

◆概要

　部下がチャレンジしたり失敗することに臆病であったりして、動かないケースがよく見受けられます。上司に必要なことは、部下がせっかく身に付けたパターンを実行できるようにするための環境作りです。

◆困った状況

　困った状況としてよくあるのが、部下の失敗に対して感情的になったり、権限や経験を力で部下に摺り込もうとしたりすることです。結果として、部下の成長にはつながらず、悪循環となってしまうケースがよく見られます。

◆解決へのコツ

　上司は部下の失敗時にも結果だけを責めず、プロセスを一緒に振り返って、失敗要因を部下自身に気付かせる対話をすることです。急がば回れで、結果として部下の成長・定着につながります！

　部下の少々のミスに対して上司は短気を起こしてすぐ怒ったりせず、本人に気付かせ、納得してもらいます。それから、そのようなミスが起きにくい方法を投げかけて、再発防止につなげることが肝要となります。

　従業員が権限移譲されている範囲で自主的に行動した際、あいにく組

織にとってはあまり芳しくない結果になっても、それが権限移譲認可内の行動であれば、トップは従業員本人にとっての貴重な学習の機会ととらえましょう。次回ならどうするかを一緒に振り返って考えて、本人なりのノウハウにブラシュアップしておくことができれば、権限委譲の状況をより盤石なものとすることが可能になります。

失敗しても（ただ結果だけを）怒られると思うと、人は必要以上に意識してしまい、本来の行動ができにくくなります。自ら振り返り、学びのケーススタディとして経験を積む機会を一緒に共有し、メンタリングすることにより、従業員自身の実践力が身に付いていくことになります。

◆**実践時はここを意識！**

- 上司は部下の気付きを促す質問を投げかける。
- 部下の意見をまず受け止め、その行動に至った心理を考える癖をつける。
- 上司は事あるごとに、部下に粘り強く声をかけてフォロー（行動するよう支援）する。
- 上司が感情的になってはいけない。
- 上司がパワーで理屈を部下に摺り込まない。
- もうこの部下はだめだ等のレッテル張りをしない。

31 ワンランク上を目指す上司が常用する
脱！指示命令策
STEP4

◆概要・困った状況

　「自律的に工夫・チャレンジする姿勢」を経験した部下が、放っておくと自己流に戻ってしまい、せっかく伝承しつつある良いノウハウが部下に定着しない……。部下の成功確率が上がるまで、自律的に工夫・チャレンジする姿勢を保てるようにするコツを伝えます。

◆解決へのコツ

　上司がもっているノウハウを小分けにして、毎度上司から伝えます。例えば朝礼やそれが終わった解散時に「その後どうですか？」と、立ち話程度に軽く探りを入れてみたり、上司が日常勤務の中で、「あの件は、その後何か困ってないか」と尋ねたりと、週次ミーティングや月次のミーティングなどでコミュニケーションの機会をもつ方法があります。

　このときの勘所として、社内従業員活性化や組織開発はそもそも２〜３年がかりの時間のかかる活動と割りきり、結果や数値の伸びだけを見てイラつくことを避けるべきです。

◆実践時はここを意識！

　部下本人の尽力プロセスと結果の進捗の関係を"見える化"したり、可能ならば数値で表現したり、経過や数値、時系列の推移等を"見える化"します。

108 　5章　日常の行動指針【管理職編】

結果を焦って、上司自らが昔ながらの上から目線で、目につくたびに
ビシビシ言ってはいけません。

32 ワンランク上を目指す上司が常用する
脱！指示命令策
STEP 5

◆概要・困った状況

　結果を早急に求められる中で、本人が自律的に成功パターンを会得し、
結果を出すというプロセスがなかなか会得できない、結果にもつながり
にくいという状況が見られることがあると思います。

　つい早急に結果を求めたくなって、早めに指示命令をしてしまい、結
果として人財育成にはつながりにくくなってしまい、中長期での結果・
成果の低迷が予見されてしまうことを、成功の習慣化にもち込む方法・
コツをお伝えします。

◆解決へのコツ

　前項で、部下が上司の支援のもとで、何とか結果を出せる状況へと成
長させる方法を紹介しました。

　ここでは、部下が小さな成功体験を積み重ねたならば、実践回数を増
やし、実践運用時の成功体験を多く味わってもらうことを意識します。
また、上司はコーチング役、メンター役として、部下の成功体験が蓄積
されていくことを陰ながら支援していくこと、部下と上司がチームと
なってこれらの行動を繰り返し、上司が徐々に部下を手放していくこと

で習慣化するコツをお伝えします。

　この一連の活動は、各自の身を通じての実践であるため、従来の日本の会社員の風習の中ではなかなか巡り合わなかった貴重な成功体験として、残ることと思います。

　以下にもう少し詳細なプロセスを述べます。

1）前項で学んだ小さな成功体験を積み重ねて、いよいよ今度は部下自身が自律的に課題へチャレンジし、さらに成功体験の数を増やしていきます。自律的にノウハウの運用から成果出しまでができるという、自信をつけてもらう段階に入ります。

2）上司は、部下が実践回数を多く積める環境作りに心がけます。この際、上司は少々のことには目をつむりながら、部下に任せる度量が必要です。

3）上司としてとれるリスク範囲内、危険水域、デッドラインを見極めつつ部下に任せ、権限移譲していきます。

4）そして上司として忘れてはならないのが、部下が小さくても成功したら、その行動プロセスを必ず褒めることです。部下が良い結果を出せれば、なおさら大きく褒め称えましょう。

　以上の心理面での褒める活動と併せて、物理的環境の両輪が揃えば、この活動は安定して成果が出ると確信しています。

◆実践時はここを意識！

　上司は、

● 部下の実践体験回数を増やし、その環境作りを行う。

● 上司は見守る姿勢を基本に、コーチング役、メンター役に徹する。

110　　**5章　日常の行動指針【管理職編】**

- 部下の成功確率が上がってくるまで、自律的に工夫・チャレンジする姿勢を褒め続け、さらなる成長へフォローアップを粘り強く実践継続する。
- 部下本人が自らの成功体験を通して自信がついてきたら、応用も含めあらゆる機会に適用し、習慣化する。
- 上司としての責任取りを恐れて、部下のチャレンジを最初から止めたりしない。
- 部下の少々の失敗が上司の経歴に傷がつくなどと、恐れない。
- 人間が育つには時間が必要との矜持を崩さず辛抱強く見守る。
- 忘れがちな「褒めること」を忘れない。

　※ただし、取り返しがつかなくなりそうな失敗予想とフィードバック要否の見極めは必要。

第6章

日常の行動指針

【担当者編】

33 「会議時間半減だ!」と、上司から(会社の方針や空気が変わり)何の方策も示さずに、いきなり指示される

◆概要

　現在会議に多くの時間を割かれている人は、実はたくさんの時間を手に入れるチャンスです。本項以降では、会議から得られる意外な有益時間、それをゲットするコツを伝授してまいります。

　そもそも会社の業務で会議時間が占める割合が多いのはなぜでしょうか?　この項では、各社ですでに設定された会議をどのように短時間で効果的・効率的に進めるかについての解決策を伝えてまいります。

　各社で設定されている相似形の会議形態を連想して、これらを有効活用ください。

　要因と対策が多項目あるため、まずこの項で各ポイントを紹介します。各詳細は後の項で紹介しておりますので、その中の関心の高いどのページからでも、部分的にそのコツを拾って活用いただけると思います。

◆困った状況

　会議の進め方が開かれる会議によってまちまちであるか、あるいは進行側の人によって特徴（癖）があり、会議時間半減に向け、どこから手をつけたらよいか、掴みどころが不明瞭な状況があるかもしれません。

◆具体的な困った状況とその対策のポイント

① 「会議時間削減（半減）だ！」と、上司から何の方策も示されず、いきなり指示された！

　→会議に関わる関係者の行動分析から削減のネタを抽出します。
　34（115 ページ）

② 会議関係者がせっかく対面で一堂に会したのに意見がなかなか出ず、無駄な時間をお互いに過ごしてしまう。

　→お互いに脳内には必ず意見をもっていると信じて、ある方法を活用することで、驚くほど意見が出はじめます！ 　35（117 ページ）

③ せっかく意見が出ているのに、収拾がつかなくなってしまう。

　→陰のリーダーシップを発揮して、皆に判断してもらう場にする。
　36（119 ページ）

④ その場でいきなり資料が配られ、その解説と理解までに大きく時間を食い、議論の時間が少なくなってしまう。

　→事前査読を各自済ませて集まり、当日は抄録解説のみに留め、議論に時間を活用します。37（121 ページ）

⑤ 目的とゴールが不明瞭な状態で議論が始まり、皆の意見が混乱し、

回り道で時間を浪費してしまう。

→目的とゴールを会議の事前・事中で明示・共有することで、戸惑わずまっしぐらにゴールへ向けて、議論に集中できる時間を確保可能にします。38(123 ページ)

⑥ 各議題の所要時間が不明瞭で、議題ごとで時間を忘れて議論してしまい、時間超過になってしまう。

→議題ごとに制限時間を設けアジェンダ事前発行、および会議中の確認、さらにタイムキーパーを指名し、議題ごとの所定時間を確保可能にします。39(124 ページ)

※以下⑦～⑩は、一般的内容ですので、後の項での説明は割愛しますが、会議関連の備忘録としてポイントのみこちらに付記します。

⑦ 議論に進行役 (船頭役) が不在のため、進行が右往左往し、議論が迷走しやすい。

→議事進行役 (ファシリテーター) を設置・任用することで、議論の迷走を避け、有効時間を増やせます。

⑧ 議論ですでに出た意見を議論中に忘れて、繰り返し言うため時間が余計にかかる。

→出た意見を " 見える化 " して共有掲示することで、繰り返しの確認などの割り増し時間を避けます。

⑨ 議論の内容が散らばってわかりづらく時間がかかり過ぎる。

→議事の進行の流れを、最初は " 発散 " として意見を出し尽くすこ

とに専念し、その後に適宜まとめながら集中的に議論し、収束方向へ転換し、結論へ向かう流れとします。

⑩ 会議でせっかく決めたことが会議後には忘れ去られ、実際の行動につながらないものが出てきて、せっかく会議でかけた時間がもったいない。

→会議で決めた内容を、誰がいつまで（5W2Hなど）にやるかを、その場で決定・明示・共有して議事録化することで、会議後の有効行動につなげ、会議に投資した時間を（実質的に回収できる）有効なものとします。

　以上が、会議に次ぐ会議という大変な状況でも、貴重な時間を生かし、別途活用できる時間にしていくための大まかなコツです。この後の**34**〜**39**にて、以上の①〜⑥それぞれについて解決策をさらに具体的に紹介いたします。

34 たかが会議、されど会議、やり方改善で驚くべき多様効果が！

◆概要・困った状況

　社内の会議時間を削減したいけれど、どこから手をつけてよいのか迷ってしまうことがあると思います。

　長年実態を観察した経験によれば、会議の進め方やプロセスが部署や

進行者によって異なっていたり、特色(癖)があったりする場合が多いです。会議の主催者もあまり疑問は感じておらず、改善にかかる手間のほうが面倒だととらえ、現状を変えたがりません。

◆解決へのコツ

改善の対象とする会議は、自らが変更の権限をもてる会議からまず始めるのが得策です。他部署権限の会議は変更への抵抗勢力が強く、変更が進みにくい場合が多いので、まずは自部署での実績等を作成・提示可能するほうが説得力を増します。

まず、会議関係者の行動分析から削減対象のネタを抽出します。次に、行動プロセスを分解し、世の中のベンチマークと比較します。進行段階ごとに優劣を比較し、改善可能な箇所をリストアップします。リストアップした事項に優先順位(効果の大きさ、実行の容易さ等)をつけ、順番に実行日程を決め、実行手順書を作成します。それを関係者と共有して実行開始します。

◆実践時はここを意識！

- 実行度合を定期的に振り返り、PDCAを回し、全体の効果をアップする。
- 関係者を初期段階から巻き込んで進めることで、一人ひとりに自分事の取り組みとしてもらう。
- 実行計画書も関係者で作成、行動分担する。
- 一方的なやり方で、依頼することは避ける。

---

35 たかが会議、されど会議、やり方改善で驚くべき多様効果が！ ～意見出し編～

◆概要・困った状況

　会議が多い状況で参加者がせっかく一堂に会したら、早々に意見を出してもらって、各々次の業務に向かいたいものです。しかし、いざ肝心の意見出しの場になると、場がしんとして意見が出てこず、大切な時間を無駄にしてしまうケースがあります。

　意見が出づらい状況に理由はいろいろとありえますが、ここでは、一般的な場合を考えます。

◆解決へのコツ

　筆者が経験する限りにおいて、これこそ盤石だという方法があります。「では皆さん、今から3分間時間をとりますのでご自分の意見を手元のメモやノート、何にでも結構ですので、そこにちょっとご自分流でメモ

してみてください」とメモをしてもらうことです。

　このお願いをした際に、そこで何も書けなかった人は今までほとんどいません。皆、何かしらの意見をもっているのですが、それをあえて口に出して言い出せない場合が多いのです。その真因は「こんなことを言うと、あの人（部署）に迷惑がかかりはしまいか」「あの人からこんなこと言い返されるんじゃないか」「自分はバカだと思われるんじゃないか」などと、いろいろと考えてしまうことです。

　自分の意見を外に表明するということを経験できた機会が少なく、つい躊躇してしまいがちな日本人は、こういうケースがけっこう多いのではないでしょうか。

　「考えを手元でメモしてください」と言えば必ずメモしてくれますので、「それではちょっと読み上げて紹介していただけますか？」と伝え、この先は極力自発的に会議が進む流れにしていきます。

　「次に3番目の方」といった風に順番で、パスもありにしてどんどん回していくと、「一応全員が意見を出しているから自分も出してみよう」という勇気が参加者に湧いてきて、全員が紹介をできることになります。どんどん回していけば、何回もパスするわけにはいかず、ほぼ全員の意見表明に到達していくでしょう。

◆実践時はここを意識！

- 少々意見が出ない時間があっても、腐らず明るく振る舞い、場の空気を明るく保つ。
- せっかく出た意見は「あ、そうですか」でスルーしてしまわず、何らかの方法で関係者と共有する（さらなる発展的話合いにつなげる）。
- せっかく出た意見に一方的な批判を、自らはもちろん、ほかの参加者からも出さないようにする（そのための雰囲気を保つ）。

118　**6章　日常の行動指針【担当者編】**

36 業務時間の多くを占める議論可能な会議こそ改善の宝庫でコスパも良好！

会議において、単なる指示・命令や進捗管理ではなく、
ファシリタティブリーダーシップを発揮しよう！

◆概要・困った状況

　会議において何とか意見が出始めると、ここでよく直面する問題が、会議といえば指示命令を一方的にされる場と参加者が思い込んでしまっていて、「意見は何とか出しましたから、あとはどうぞ決めてください」といった受け身の姿勢になってしまうことです。もし実践で成果につながらなくても、決めたのは別の人だから、自分の責任ではないと参加者は考えがちで、魂を込めた実践にはつながりにくい点が弱点です。

◆解決へのコツ

　ここは思いきって、意思決定の主導権を参加者サイドに渡してみましょう！　上記のような逃げ道をなくし、自分事としてとらえてもらいましょう。実践段階における責任感が強まり、各自の実行につながりやすくなります。

　この際の留意点、コツがあります。筆者が、Ⅴ字回復チームとして組織開発に取り組んだ際にも効いた信頼感のある方法です。

　まず、最初のうちは意見が出る中で、「コレは！　良さそうだ！」と思う意見が出たら、その都度承認の合図「なるほど」など、発言者が内容を共感してもらえたと思える合図を、言葉や頷き仕草などで伝えて、参加者の高揚感をアップします。慣れてきたら、出た意見に対し、ほか

業務時間の多くを占める議論可能な会議こそ改善の宝庫でコスパも良好！　｜　**119**

の参加者にも意見への感想や追加コメントを募るようにします。

　これらを行う際の注意点は、あくまで上記のような"共感"に留めることです。進行役自らが、この段階で"賛同"をしてしまうと、ほかの参加者に「なんだ、進行役が決定権をもってるのか」と思われ、場がシラけてしまいますので"賛同"は避けるようにします。

　そして、議論が煮詰まってきたら、"向かうべき方向性"の視点を加えて、"問いかけ"のかたちで意見を募ります。参加者たちの意見によって方向性が、願わくば結論が、決まっていくように、ひたすら進行役は"問いかけ"を継続して、チーム員が自ら決定した感触をもてる状況にもち込めれば大成功です。

　以上のように、慣れていくための段階を踏みながら進めることで、主導権を参加者サイドに渡してしまっては困ってしまうようなチームも、だんだん慣れてくるとチーム内の誰かが議事進行、ほかの分担采配と担当してくれたりします。こういう状況にチームが慣れるのに要する時間は、チームの経験や風土によりますが、この方式に慣れてもらえればチームへの期待値も高まりますよね。

　これぞまさしくファシリタティブリーダーシップ、組織のメンバーの意見や情報を上手に引き出すリーダーシップです。V字回復などを成し遂げた多くの会社が導入した、意思決定効果が後戻りせず永持するコツなのです。

　V字回復などにおいては多くの変化や変革を伴いますので、諸処の事項にこのやり方を用いることで、チーム員全員が自分事として決めたという意思決定効果が起こり、実践が魂の入ったものとなるのです。

　この方式が多くの会議で上手くいけば、実践結果の後戻りによる投資対効果の歩留まりもよくできますので、単純に表面的時間削減では得られない効果を入手できることとなります。また、副次的効果として、チー

120 ｜ **6章　日常の行動指針【担当者編】**

ム員自らが思い入れのある実践の成功による達成感から、企業へのエンゲージメントが上昇することや、変革プロセスを通じたチーム員同士のコミュニケーションが良くなり、日常業務中の異常事態発生時の対処にも、チーム員同士の連携で、より適切な対応が可能となり、チーム組織としての対変化アクションの速度アップまでも期待できます。

◆実践時はここを意識！

　トップダウンが手っ取り早いと癖づいているトップ層も、我慢の心を覚え、チーム員が議論でものごとを決めるのを待つ時間をもち続けましょう。

37 事前準備の上手い会議のやり方で、より効果的効率的会議成果へ！ その1

会議資料は事前配布・事前査読

◆概要・困った状況

　忙しい時間の中をやりくりして、やっと所定の時刻に会議のために集まったにもかかわらず、延々と配られた資料をみんなで読み合わせして、そこで時間を浪費してしまい、イライラしたということはありませんか？

　せっかく集まって意見を出し合う場なのに、そこでわざわざ配布資料の紹介、プレゼン、確認が入ることが結構あるのではないかと思います。資料をその場でわざわざ読み合わせする必要があるのでしょうか？　下手なプレゼンターですと、余計に時間がかかります。また、参加者の理解に差があると、なお理解不足の人のために時間をとられるということ

になります。

　これではせっかくの時間がもったいないので、なんとかしたいものです。

◆解決へのコツ

　対策は、月並みですが会議資料の配布と査読を事前に行うということです。

　事前に配布して読んだ上で集まれば、会議の場ではすぐに議論、意見交換をスタートできることになります。

　貴重な会議時間を最大限議論に生かすため、会議資料は事前配布し参加者は事前査読してから会議に集まる！　これを会議開催時のルールの一つとしてセッティングしておくことが良いと思います。

　そして、強いて申し上げるならば、会議の査読対象になっていた資料の提供者から「5分でおさらいしてください」という風に依頼するかたちにして、要領よく5分以内でさらっとリマインドも兼ねて当日会議の場でおさらいができれば、参加者全員がその会議に取り組む際に前提としての情報を整理して議論に入りやすいと思います。

◆実践時はここを意識！

　事前や当日の資料は、電子配布をむしろ歓迎します。当日の正式資料との差替えも、紙の場合より時間や労力が少なくて済む場合が多いです。また、事前の配布資料には完璧を求めないでください。ケースバイケースですが、要点がわかればよいと思います。

38 事前準備の上手い会議のやり方で、より効果的効率的会議成果へ！ その2

会議の目的とゴールを明示・共有

◆概要・困った状況

　会議でやっと議論も出始めて、白熱するのはありがたい状況ですね。しかし、白熱し過ぎて気付いたら話題が脱線してしまっていることも……。

　議論の経過が整理されておらず、視点が多方面に発散してしまい、改めて結論に向けて整理し直さなければならないケースでは、なおさら軌道修正に時間を要します。

　そのような状況に陥らないコツとして、ここでは会議の前にあらかじめやっておけるものをお伝えします。

◆解決へのコツ

　それはズバリ、会議招請時に会議の「目的」と「ゴール」の明示、共有、合意をしておくことです。

　前項で述べた"資料の事前配布・査読"と同時に、事前検討の段階で、会議本番の「目的」と「ゴール」が明示されていることで、会議資料の準備や検討においても方向性が絞られ、より深い事前考察が可能となります。結果的に会議本番でも、より本質を深堀した有意義な議論が期待できます。また、方向性が絞られている分、事前準備も効率的に準備を進められ、準備にかかる時間を短縮できると思います。

　実際の会議の場にあたっては、事前に定めた本来の「目的」と「ゴー

ル」を記して各自に配布したり、壁に掲示したりしておき、議事進行役から適切なタイミングで留意を促すことで、脱線しそうになっても早い段階で修復でき、時間浪費の防止が可能となります。

◆実践時はここを意識！

本来の「目的」と「ゴール」の事前決定に関しては、特に主催者の役割として、熟考して決定し事前展開するのが好ましいです。

ケースバイケースではあるものの、「とりあえず集まってから（考えよう）」ということは極力避けましょう。

---

39 事前準備の上手い会議のやり方で、より効果的効率的会議成果へ！ その3

会議招請の議題と時間案内"を励行することで、ダラダラ会議と訣別へ！

◆概要・困った状況

さて、会議開催だ！　となり、参加者全員集まれるまで漕ぎ着けました。しかし、ここでよく起こるのは、会議そのものはスタートできたものの、会議の目的、ゴールに向けた議論のステップが分解されていないために、気付いたら時間内に収まりそうにないことがわかって結局議論すべき内容を議論できずに終わり、困ってしまうという問題です。

◆解決へのコツ

会議招請とアジェンダに、会議時間の開始と終了のみならず、議事の流れをステップごとに整理して示しておくことが必要です。特によく欠

124　6章　日常の行動指針【担当者編】

落しているのが、ステップごとの所要時間です。

　これを議論中も、会議の方向性と所要時間の目安として皆で共有、留意しながら議事を進めることで、議論の煩雑化や脱線のない進行管理が可能となります。

　議事進行役がおおむねのステップごとの時間を確認し、その都度タイムリーに進行管理情報として皆に留意を促します。議事進行役やタイムキーパーといった役割をあらかじめ明確に分担しておきましょう。進行管理のわかるもの（会議招請など）を議場の見えやすい場所に貼っておき、ステップが済むごとに線で「済」とわかる横線やレ点でマーキングしていきます。

　以上、見慣れたアイテムをより具体的に仕立て使いこなすことで、議事時間の無駄な延長防止が期待できます。ぜひマスターしましょう。

◆実践時はここを意識！

　おおむねのものでよいので、議事のステップと各時間割を掲載した会議招請を発行します。見慣れた当たり前のアイテム（会議招請等）なので、参加者にわざわざ確認しなくてもわかっているだろうと、高をくくって確認を怠ってはいけません。

第 **7** 章

推進方策

40

コミュニケーション
挨拶編

◆概要

　挨拶運動とか、挨拶をしましょうとかよく言いますけれども、そもそも挨拶って本当に必要なんでしょうか？　挨拶の効用ってあるのでしょうか？

　やっぱりあるのです。挨拶の場面や回数を日常的に劇的に増やすと、相互の関係性における敷居が低くなり、意思疎通や肝心の交渉時も進めやすくなります。

　人間関係の第一歩が挨拶といえます。お互いの警戒心を解くために、まずはお互い挨拶から入ろうというのは、ごく自然な動きなのです。

◆解決へのコツ

　では実際にどうすれば挨拶をお互いができるようになり、さらには組織として自然に挨拶が取り交わせる関係へとなり得るのでしょうか？

まずは、率先垂範として上司や先輩から積極的に挨拶しましょう。組織に浸透するまでは、特に上司や先輩側の働きかけがカギとなります。

　後輩たちを優しく応援、いつでも環境作りを応援しバックアップするという気持ちや、「関心を寄せていますよ」という心持ちで接することを心がけていれば、おのずと目線や行動に滲み出てくるのです。併せて挨拶言葉を発するとき、人はおのずと笑顔になりやすいのです。笑顔を投げかけられた相手は悪い気はしないし、相手もおのずと笑顔で返したくなることが多く、俗にいわれる笑顔交歓となって気持ちが相互に高揚する効果を期待できます！　笑顔の挨拶を交わしたら、気分も良くなってその後の仕事の能率もアップってこともあるかもしれません。

　人と人とのコミュニケーションをさらに円滑に進めるためには、言葉の発信と受信を通じて関係性をつなぐことに加え、相手の気持ちや感情にまで寄り添うことができれば、そのつながりをより深く強いものにできます。

　具体的な行動としては、「こんにちは」などの挨拶のあとに、相手の様子を慮って配慮の気持ち（私はあなたのことを気にかけていますよ）が伝わるひと言を付け加えることです。「調子はどうですか？」「風邪の具合はその後どうですか？」などです。留意点としては、あくまで相手との関係性に応じた臨機応変な言葉かけをすることで、いきなり深入りしすぎたり、ネガティブな言葉かけをしてしまったりしないことが肝要です。

◆実践の心得

　「まず身体！　それが脳に好影響！」

　人間とは最初、形・身体から入って習慣化することで、それが脳の動

コミュニケーション 挨拶編　│　**127**

きにも影響し、本人自身の自発的行動に発露し定着しやすくなります。

「相手の感情を慮（おもんぱか）る！　それが相手との関係性形成に相互の脳を通じて好影響！」

「２−６−２の法則」

　ある物事を「組織やグループの皆でやろう！」と展開した際に、平均的一般則として、自発的にやり始めたり、他人への模範行動の対象になり得るような人が自然発生的に２割で、そのほかの６割が自らは動き始めずに、まず先行で動き始めた人々やその人々への上司や周りの人々の反応を伺い、取り残されて目立ったりしないようにしておこう！　と徐々に行動に移していくといわれています。残りの２割は、行動をとることに後ろ向きである人たちです。本来はじっくり話を聞けば、それぞれ意見をもっていて、行動の参考になる考えや知恵を持っている場合もあるので、一見積極的ではない様子の人たちにも話を聞き、知恵を借りることは有効です。

◆まだまだある！？　「挨拶」励行による副次的効果

（その１）素早い PDCA を回せる期待大！

　職場や現場を上司や先輩が巡回しながら、部下に何か困りごとが生じて沈滞していたらサポートしようというマネジメント方式（MBWA：Management by walking around）などを通じて、挨拶言葉をかけることで、部下も上司の気遣いに感謝の気持ちが芽生えたり、困りごとがあれば相談しやすくなったりします。組織内の連携がスムーズになることで、結果的に PDCA を素早く回せることにつながります。

（その2）さぼり防止の効果有り！

　職場や現場を上司や先輩が巡回しながら、人と接するときに MBWA などを活用して、無駄な時間を生じさせることなく、相互に有益な時間にしましょう。心理学でいう返報性の法則（人は何かをしてもらったり、恩を感じたりすると、それに何か恩で返したくなる性質がある）に則っているともいえましょう。

◆実践時はここを意識！

- リーダー層が率先垂範として自ら進んで会社内で奨励する。
- 積極的に活動・実践している人を褒める。
- 積極的に活動している人の努力をないがしろにしてはいけない。
  特に率先して活動している人をきちんと評価せずに軽んじていると、この組織では頑張っても無駄だと感じてしまって、やる気の喪失や、梯子を外すような行動にもつながりかねない。
- 活動の仕組みやプロセスをおろそかにしてはいけない。仕組みやプロセスを途中で勝手に変更したり削除したりして近道をしようとすると、かえって組織全体の混乱や不統一を招きかねない。急がば回れで愚直に進めることで、組織に仕組みとして定着しやすくなる。

41 コミュニケーションこぼれ話 名言編

　コミュニケーションにおける率先垂範の要諦は、ただ指示すればよい

わけではありません。有名な名言に「やってみせ、言って聞かせて、させてみて、ほめてやらねば、人は動かじ」というものがありますが、この考えは現代でも有効だと思います。この習慣化が、組織の成長につながります！

　人は何かをやるときに、まずは人の真似から入るほうが早く一流へ近づけます。しかし、教える側がただやってみせ、「背中を見て盗むんだ！」といった姿勢では、学ぶ側の習得スピードは遅くなってしまいます。リーダーは、進め方の要諦を上手く"言って聞かせられる"教え上手にならねばなりません。

　さらに、人は他者の行動を目に焼き付け、脳で理解したと思っても、いざやろうとすると自らの行動に落とし込むのはなかなかな努力を要します。教える側であるリーダーは、一連のプロセスを本人のレベルに応じて伝えるのが、名トレーナーとしての要諦になるでしょう。

　そして、人は自分のことを誰かに見られていることで勇気が湧き、次へのエネルギーの継続に寄与できるという性質ももっています。そこでリーダーに必要なのは、上手に褒めることです。人は自らの成長、さらには結果を褒められることで、当然やる気が発出しますし、精進へのエネルギーに変換され、成長スピードの加速も大いに期待できるのです。

　こういったプロセスを経ることで、人はあることにチャレンジし、たとえ最初は小さくても成功体験を積み重ねていければ、その成功経験が自らの中に蓄積され、動き続ける起爆剤になるのです。そして、これらの成功体験は、その先で別のことをマスターする場合にも生きてくる場合が多いようです。

　上記の一連のプロセスが、リーダーと学ぶ側の間での良い循環として、繰り返し行われ継続されることで、組織にも個人にも成長プロセスが定着していきます。

130　　7章　推進方策

42

コミュニケーション
"さん"付け編

◆概要

　日本でも、役職の高い人は役職をつけて呼ばれるのが 一般的でした。その象徴が「●●部長」とか「××役員の おっしゃることは……」といった文脈で、目上の人の言ったことを絶対に否定できない前提で議論が進む状況が起きがちでした。

　こういった中にあっては、本来誰からでも出るべき、自由なアイデアを創出するのを阻害する要因になっていたのです。(旧くは「御上の言うことには従うものだ……」 などもありますね)。

　しかし、参加者全員に内心礼を失することへの恐れがある状況では、平等に自由闊達な意見交換をしにくい現状がありました。日本文化としては素晴らしい道義感も、自由闊達な議論を阻害する側面があったのです。

　こういった課題を打開するためのコミュニケーション策はいろいろと工夫されています。その中でも、日本文化において占める割合の大きい" さん " 付け呼称は、効果が大きく成功する企業が相次いだため企業に浸透し、ベンチマーク的方策の一つとされてきた経緯があります。

　では、実際にどうやってその " さん " 付けをお互いができるようになり、さらには組織として自然に取り交わせるようになるのでしょうか？

コミュニケーション " さん " 付け編　│　131

◆解決へのコツ

　この活動は、人事や統括部署からの全社的活動としての「"さん"付け運動」として、一括展開が望ましいといえます。中計等の何らかの全員大会の機会に同時展開できれば、浸透度はきわめて高くなります。これをやることで、本番の会議などで役職者と顔を合わせても、自然に"さん"付け呼称をしやすくなります。

　あわせて、その際は特に上の立場にある人の率先垂範が重要となります。また、役職者も、役職で呼ばれた場合には、「今は"さん"付けでいいんですよ」と和やかに"さん"付け呼称を促すひと言も添えられれば、皆が安心して「"さん"付け運動」が社内により広まり定着しやすくなります。

　その導入の効用として、実際に"さん"付け呼称が社内で使われ始めると、これは議論の際に使いやすくて重宝します。なぜならば、目上の人を役職ごとに呼び分けなくても、「●●さん」と呼べば済むからです。

　部長、次長、課長などと序列をつけることなく、本質的な議論のみで討議を競わせ合うことができ、最も効果の上がる環境を作り出せます。そうなれば、"さん"付け呼称の旨味を、立場にかかわらず全員で感じ取ることができるでしょう。

　積極的に取り組んでいる人を大切にし、仕組みやプロセスを途中で勝手に変更したり削除したりして近道しようせず、愚直に進めることが結果的に組織への定着につながります。

132　　7章　推進方策

43 V字回復したい会社の方へ！
成功パターンから学べる勘・コツ その1

会社が直面する危機こそ、全社一丸となって
V字回復に転じるワンチャンス！

◆概要

　会社の状況が、どうも財務面や人財育成面共に思わしくないので、他社の成功例が喧伝されているV字回復の策とやらを、自社でもやってみたいと思うものの、どこから手を付ければよいのか、また展開してはみたものの従業員が自分事と感じ、笛吹けども踊らずといった状況で、お困りの経験があるかもしれません。

　実はV字回復と一口にいっても、実際の手順や道程は、たいていの場合多くのステップを必要とするのです。

　そこで、筆者の経験を本章に続くいくつかの章に分け、手順を追ってV字回復に向けた方法をお伝えします。

◆解決へのコツ

　まず、必要な力はズバリ、経営側からのチーム巻き込み力です。経営分析を実施する際、経営側が密室一辺倒でやるのではなく、可能な限りの範囲で各代表部署の従業員を巻き込んで実施します。

◆実践時はここを意識！

　会社トップは、本当に能力のある人財を経営改善チームに送り込んだかどうかを見極め、そうではない場合は交渉し直す勇気と行動力が必要です。

また、経営改善チームからの提案を、会社トップは頭ごなしに否定したりせず、真摯に聞き、ポジティブに受け止め、行動につなげる支援を行います。

44 V字回復したい会社の方へ！成功パターンから学べる勘・コツ その2

◆概要

　皆さんは会社の改善・改革の社内任命担当者に上手く意思を伝えられていますか？

　よく聞くケースは、社内での担当者に頼んだらつい任せっ放しにしている、最悪のケースでは、自社トップは導入しっ放しで、任命した担当者のお手並み拝見といったようなスタンスでいるということです。しかし、これでは結果に結びつけるのは難しく、苦労も多いのではないでしょうか。

そこで、この章ではV字回復したい会社の、トップ層と任命先担当者との間での、良い関係性構築のコツをお伝えします。

◆困った状況

V字回復を目指す企業で上手くいかないケースの一つに、一念発起して改革担当者を任命し頼んだものの、会社トップ層も忙しいので、担当者につい任せっ放しといったケースが少なくありません。

会社トップは、戦略や行動のあくまで方向性の支援に留まり、実際に活動するのは会社で任命された担当者です。

◆解決へのコツ

ズバリ！　成功のためには、企業トップの率先垂範が必須です！
社内任命の担当者任せでは、進化し続けられる年輪企業にはつながりにくいのです。

V字回復を必要としているわけですから、従来の組織から何も変えないわけにはいかないのは当然のはずです。組織をつかさどる上層部のマネジメントそのものの、何かしらの変容が必要であること、トップ自らがこの擦り合わせの段階で率先垂範となることがコツになります。

また、こういった状況だからこそ、トップ自らが行動変容する姿勢が大切です。担当者はこのようなトップの率先垂範となる行動状況を目の当たりにして、トップが自らあそこまでやるなら自分たちも行動変容しなければ！　との思いを強くすることが期待できます。

◆実践時はここを意識！

● 頭で考え過ぎずに、まず、小さくても行動し、小さいPDCAを回してみる。

V字回復したい会社の方へ！　成功パターンから学べる勘・コツ　その2

- 恥や少々のミスは恐れず、率先垂範として、皆の前でやってみせる。

- 変化を怖がったり、避けたりしてはいけない。

- 導入後、進捗確認の時間をとることを怠ってはいけない。

- 担当者自らの工夫による少々の失敗に、トップが目くじらを立ててはいけない。

- コンサルティング会社を信頼せず、端から疑ってかかってはいけない。

45 V字回復したい会社の方へ！成功パターンから学べる勘・コツ その3

◆概要

　せっかくのV字回復提案を立てたのに、上手に自社での行動に落とし込めずにもったいないと思った経験はありませんか？せっかくの提案を上手く自社の従業員層に落とし込むには、ちょっとしたコツがあるのです。

　先の提案を従業員がまずは真摯に自分事として受け止め、やらされている意識でない状態で行動につなげることが重要です。そうひと口にいっても実際はままならないのがよくある話です。筆者の成功体験をもとに、世の中にある成功パターンも交えた方法を伝えてまいります。

◆解決へのコツ

　大切なのは、さまざまな方位のネットワーク（タテ・ヨコ・ほかの関係者）での対話です。

ただトップから「対話だ！」といっても要領を得ません。まず、担当者にノウハウを伝授する際に、一方通行的な伝え方をしてはいけません。すなわち、コーチングやファシリテーションに近いやり方を駆使しましょう。

　一見回り道のようでも、まずは従業員自身に考え出してもらい、後からサポートするように提案をして、議論のキャッチボールをしたうえで従業員たちに決定してもらいます。最終的には、Ｖ字回復のための改変への方向性について、従業員側から提案してもらうというパターンが出来上がるようにします。

◆実践時はここを意識！

　相手に伝える際、トップダウンに慣れている人は、わざわざ対話をするのは時間や手間が煩わしいと感じるかもしれませんが、相手への浸透効能を信じて対話を行いましょう！

　ついトップダウンのほうが手早いと戻ってしまわないようにしましょう。トップが手早く伝えた気になっていても、相手には心深くに浸透していないと心得ましょう。

　また、対話で相手が意にそぐわないことを言っても、頭ごなしに否定してはいけません。一度でもやると、相手はまた否定されると考え、意見を言ってくれなくなります。なぜ相手はそういう意見をもっているのか、本音を受け止めるつもりでよく聞きましょう。相手の言おうとしていることに途中で割り込むのも、もちろんよくありません。最後までよく聞きましょう。

Ｖ字回復したい会社の方へ！ 成功パターンから学べる勘・コツ その3

46 V字回復したい会社の方へ！
成功パターンから学べる勘・コツ その4

改善をマネジメントするには、
定量的見える化指標（数値化KPI等）を設定し、
その指標をマネージしながら行動のPDCAサイクルを回す事が肝要！

◆概要

せっかくのV字回復への変革プロセスを作成し、行動し始めたのに、思うように自社での行動や結果に結実せず、残念に思った経験はありませんか？

先に述べた変革プロセスの状況を"見える化"し共有して、定量値を活用して管理のPDCAを回せるようにすることが大切なのです。

そうひと口にいっても実際はままならないのがよくある話で、必要なコツを筆者の成功体験をもとに世の中にある成功パターンも交えてお伝えします。

◆解決へのコツ

改善の方策・プロセスと、それに紐づけられていた成果や結果の因果関係を、定性的文章から、何らかの代替できる数値で表現します。その数値で到達目標レベルを仮置き、その達成に向けてのPDCAを定量的数値で追い続けることが大切なのです。

◆実践時はここを意識！

代替指標は、改善の方策のあくまで部分的な目安の場合もあるので、1つの代替指標のみに固執してはいけません。複数の指標を活用するなどで、活動の効果を高めることも考えましょう。

138 　7章　推進方策

47

V字回復したい会社の方へ！
成功パターンから学べる勘・コツ その5

会社員の行動が軌道に乗るのは
時間が2〜3年はかかる覚悟が必要

◆困った状況

　V字回復に向けて、その改善のプロセスが見えたら、次はそのプロセスを組織の皆で行動に移してほしいものですよね。

　しかし、実際のところは、プロセスの改変について、各自の理解に差があって、組織全員が一斉に動き始めるのは難しいケースが多いことが現実的なようです。また、トップはこの状況にしびれを切らして、ついこれまでの経験に頼って指示命令に走ってしまいがちです。

◆解決へのコツ

　では実際に、こういった状況を打開するためにはどうすればよいのでしょうか？

　上手くコミュニケーションをできている組織の共通行動には、学べるところが多いと思います。一般的に組織開発と呼ばれますが、この行動においては先にも述べました「2-6-2の法則」が有効になってきます。

　組織として、ある新しい活動をし始めようとしたときに、約2割の人は組織にとっても優れた学ぶべき活動を自発的に始めるケースが多いです。この2割の人が先行して良い行動事例をやってみせてくれることで、その姿を通じて、ほかの人は、ああやれば上手くいくんだというのを身近で見て学び、真似ることができるので、組織にとってたいへんありが

V字回復したい会社の方へ！成功パターンから学べる勘・コツ　その5　　139

たい存在なのです。

　最初に動く２割の人の姿に影響されて、次に、全体の中の６割部分の人も活動を始めるといわれています。「このままでは自分はダメだから、自分も動いてみよう」「あのやり方を真似してみよう」などといった心理が働くのです。このような状況になると、これまで成果を出せていなかった人たちが、自らが成果を出せない少数派になるのはマズイという心理になり、ますます活動の拡がりにつながります。同調圧力が良いほうに機能するケースともいえるかもしれません。こうなると相当数の人の足並みが揃ってきます。

　最後の残りの２割の部分の人です。良くも悪くも、我が道を行く！派かもしれません。トップ層の中には「あの残りを何とかしてくれ！」と苛立ってしまう人がいるかもしれませんが、本人がその気にならない限りは、嫌々取り組ませても活動は長続きしませんし、たいした結果にもつながらず、投資効率が悪いので、ここにはあまり手をかけ過ぎないのも得策です。また、一方で活動に積極的ではないこの２割の人は、実は貴重な意見をもっているケースもありますので、単に否定してしまうべきではない場合もあるのです。乗り気でない理由を聞いてみると、思わぬヒントが得られることもあります。

◆実践時はここを意識！

　上司は、最初に好事例を実践している２割の人を、新たな活動についての組織の水先案内人として皆に上手く伝わるように、（上司にえこひいきされていると誤解されることなく）引き立て、その人たちの上手いやり方、プロセスを評価し、皆にも真似しやすいように推奨し支援しましょう。

48 V字回復したい会社の方へ！
成功パターンから学べる勘・コツ その6

V字回復は、その成功を
一過性に留まらせず、後戻りしない仕かけを
自社プロセスにインストールしておこう！

◆**困った状況**

　皆で一丸となって一緒にやっているときは、ある程度の結果が見えていたのに、時間が経つとなぜか成果や結果につながりにくくなってしまって困った……という経験はありませんか？　この状態が長く続くと、せっかくの創生したプロセスも元に戻りかねません。

◆**解決へのコツ**

　自社のプロセスに対して、ここまで紹介したノウハウを上手く活かしながら、自社流にカスタマイズして、自社独自のマイナーチェンジ版を創生して、今後もさらに継続できるようにしておくことが大切です。

　V字回復のための創生変革プロセスは、他社成功例やパターンそのまま使うのでなく、社内オリジナルプロセスとハーモナイズさせて活用しましょう。変革プロセス創生時の仲間はチームとして、変革プロジェクト解散後も、各代表部署内の各プロセス進化の変革リーダーとして兼務してもらい続けるのが良いでしょう。

企業のブランドイメージ向上への貢献

レジリエンスの強い仕組み、業績向上の仕組み、メンタルマネジメントの
仕組みは、企業のブランド力を向上させる。企業価値を上げる。

1）今後の企業価値を考える2つの新しい視点

　企業の価値を考える場合、従来はどうしても有形資産・株式評価額に
目が向いていました。その結果、自社ビルや設備投資額などを中心に企
業評価がされる傾向にありました。

　しかし、株式投資をして、長期保有せずに転売するならいざ知らず、
長く保有する前提で投資先を考えるとなると、これだけでは投資先を決
められないというのが近年の流れだと思います。

　そこで新しいキーワードが2つ登場しました。1つが無形資産、もう
1つがESGです。ここでは、メンタルヘルスへの投資や活動がどのよ
うにしてこの無形資産やESGに影響を与えて、企業価値を向上できる
のかをみていきたいと思います。メンタルヘルスへの投資や投資回収の
仕組みは、間違いなく企業価値向上に寄与することを再認識していただ
ければと思います。

2）無形資産

　一般的に無形資産とは、知的財産、研究開発投資が主なものです。こ
れに加えて、わかりやすいものでいえば、顧客リスト、販売ノウハウ、
開発プロセス、ベンチマーキング能力、企業イメージ、ブランドイメー
ジなどが含まれています。

　経済産業省の企業価値要因分析を見てみましょう。日本企業（日経

225）の企業価値の要因分析では、その 31％が無形資産、69％が有形
資産です。これに対して米国企業（S&P 500）の要因分析では、その
84％が無形資産、16％が有形資産です。欧州企業（S&P Europe 350）
では、その 71％が無益資産、29％が有形資産です。金融機関もこのよ
うな状況を認識しており、投資先選定や貸出先審査においても、このよ
うな視点を重く受け止めるようになってきています。

　メンタルヘルスへの投資と投資リターンを得ることは、この企業価値
向上、特に無形資産である企業イメージ向上に大きな意味をもっていま
す。言い方を変えれば、メンタルヘルスへの投資と投資リターンは、企
業価値向上に寄与し、企業の資金調達力に良い影響を与える時代になっ
てきたということです。

3）ESG

　ESG とは、Environment（環境）、Social（社会）、Governance（ガ
バナンス（企業統治））を指します。Environment(環境)への取り組
みが企業価値を高めることは、近年の SDGs への取り組みを見ても
明らかだと考えます。メンタルヘルスへの投資は、Social(社会)と
Governance（企業統治）との関連があります。Social(社会)における
ダイバーシティ・企業の人材活用や労働問題とは切り離せないのです。
また、Governance（企業統治）、企業統治やハラスメント関連の法令遵
守の視点から見ても放置できなくなっています。金融機関をはじめ投資
先選定や資金調達に直面した際に、この ESG 関連課題を綺麗にしてお
くことが有利に働くのは当然の流れだと考えます。ESG 関連へ企業が
継続的投資をしていることが、その企業のサステナビリティーに貢献し
ていると判断される時代です。投資先が ESG 関連投資をしていないと
いうことが、投資する側から見ると投資リスクに見えると考えられます。

143

４）メンタルヘルスへの投資

　メンタルヘルスへの投資は、第２章でも述べたとおり、改善活動や人財育成・認知承認プロセスと一体となって取り組むことで、投資以上のリターンを得ながら企業価値を向上させることができる方法になります。それぞれの会社や組織には、それぞれの特徴があります。一般的な正解はありませんが、方法論を組み合わせることで必ずその企業なりの正解にたどり着けると思います。

おわりに

「もうこんな会社やってられないよ！」「もう無理だよ！」……マネジメント層、従業員企業や組織をまとめるリーダーの悩みは、どんどん複雑になってきています。

今まではゆっくりと変化していたダイバーシティ、高齢化雇用、障害者雇用、ハラスメント、IT化、プレイングマネジャー、派遣形体の多様化、国際化、働き方改革、そして何よりも競争環境の変化、これらが一気にものすごいスピードでやってきています。その中で当たり前ですが組織は疲弊していってしまう、組織にサビが出てしまう、思うように意思疎通できないし、組織が一体となって動けないようになります。そのように企業や組織の健康状態が危なくなってくると、そこにいる人たちももちろん健康状態が危なくもろくなってしまいます。

それでも会社のため、ひいては家族のために働き続ける人々がいます。そのような状況や多くの人たちを私たちは目の当たりにしてきました。

3人の著者はおがたいちこさんという監修者を得て、これらの状況を少しでも改善したいと考えてこの本を書きました。激しい変化を困ったことととらえるばかりでなく、チャンスに変化させるイキイキした組織を実現したいと考えています。それに必要なヒントを、明日からでも小さな組織単位からでもできるかたちで提供したいと考えました。

今日から始めても遅すぎるということはないと確信しています。
少しでも皆様のお役に立てればと思います。

この本の出版にあたっては、監修者のおがたいちこさん、メディア・ケアプラス編集部の皆さん、イラストレーターの小山規さんには、本当にお世話になりました。著者三者三様の個性的な文章を上手く意図を汲み取って編集いただいたり、わがままなイラストをお願いしたりとご面倒をおかけするばかりでした。大変感謝しております。この本の出版に漕ぎつけられたのは皆様のおかげです。本当にありがとうございます。

執筆者・監修者プロフィール

監修
おがた いちこ
筑波大学大学院教育研究科カウンセリング専攻修士課程修了
名古屋大学大学院教育発達科学研究科　心理臨床科学専攻博士課程満期退学
立教大学兼任講師、放送大学非常勤講師、精神科クリニック臨床心理士
臨床心理士、シニア産業カウンセラー、1級キャリアコンサルタント技能士
臨床心理士として働く人のメンタルヘルスの支援に重点を置き活動を続けてきたが、実践と研究を通して働く人の支援にはキャリア支援との両輪での支援が不可欠であると気付き、双方の視点から支援を行っている。常に働く人ファーストを心がけているが、組織への支援、教育研修の実施、職場環境の改善の支援などにも興味と関心を寄せている。

執筆者
井上 有史（いのうえ ありふみ）
早稲田大学大学院理工学研究科修了　工学修士（機械）
IAF（国際ファシリテーターズ協会）認定プロフェッショナルファシリテーター
自動車会社の車両設計部にて設計業務に従事。管理職としては設計管理、原価管理、営業支援にて、ファシリテーションのスキルを活かし、社員活性化・業務改善改革・目的達成支援を得意とした。モットーは"みんなを元気に！"で、現在も人や会社の困り事の解決支援で関係者や仲間からもらう笑顔が人生の歓び。東京都出身で横浜在住、趣味はウォーキング、地元音楽サークルでのベース・ウクレレ伴奏。

田村 隆（たむら たかし）
埼玉大学理工学部機械工学科卒
株式会社ビジネス未来＆Co．メンタルヘルス・サポーター／株式会社保健同人フロンティア カウンセラー／神奈川県人材育成支援センター　講師／（公財）神奈川労務安全衛生協会平塚支部講師／産業カウンセラー、キャリアコンサルタント、メンタルヘルス検定Ⅰ種
大学卒業後、自動車メーカーに就職。開発部門での26年間を経て、自ら希望して社内メンタルヘルス活動推進部門に転身。その後は、同業者とのネットワークを築いてメンタルヘルスの普及に努めるなど活動領域を広げ、退職後も経験を生かして文部科学省、法務省、神奈川県などが主管する研修の講師や企業の職場環境改善のためのコンサルテーション、個人への相談対応、書籍の出版などを続けている。プライベートでは、小学生スポーツの団体運営、第九合唱や、趣味のウクレレ弾き語りなど。

東出 和矩（ひがしで かずのり）
慶應義塾大学経済学部卒
横浜創英大学兼任講師（コミュニケーション論、社会教育論）
あさひファシリテーション研究所マスターナレッジファシリテーター
日本プレゼンテーション協会副理事長、ビジネス未来＆CO シニアマネージャー
大学卒業後、自動車会社、関連電池会社に勤務、この間に全社革新活動の開発と運営・定着を実施。ファシリテーションの社内での定着を行った。また関連会社では、7名の会社を1000名規模の会社にまでの成長をサポート。事務系の改善活動、幹部人財育成コーチング、プレゼンテーション、ファシリテーション、交渉力　営業力、各講座の講師と実務サポート。知っていることとできることは違うので、できるところまでの継続的サポートを心がけている。石川県出身、大阪・東京育ち。趣味は、飛行機プラモデル、家庭料理、相撲観戦、花の写真撮影。最近はYouTubeなどのSNSに動画・コラムなどの継続投稿を始めている。

著者連絡先

株式会社ビジネス未来＆Co
https://www.businessmirai.com

お問い合わせ・相談フォームより
ご連絡ください。よろしくお願いいたします。

組織を笑顔にするリーダーシップ

2024 年 11 月 8 日　　第 1 刷発行

監修　　　　　　おがた いちこ
著者　　　　　　井上 有史　田村 隆　東出 和矩

発行者　　　　　松嶋 薫
発行・発売　　　〒 140-0011　東京都品川区東大井 3-1-3-306
　　　　　　　　株式会社 メディア・ケアプラス
　　　　　　　　Tel：03-6404-6087　Fax：03-6404-6097
　　　　　　　　http://media-cp.jp

表紙・挿絵イラスト　　小山 規
装丁・本文デザイン　　文字 モジ男
印刷・製本　　　　　　日本ハイコム 株式会社

本書の無断複写は著作権法上での例外を除き禁じられています。
購入者および第三者による本書のいかなる電子複製も一切認められていません。
©Arifumi Inoue. Takashi Tamura. Kazunori Higashide 2024 Printed in Japan

落丁・乱丁はお取り替え致します。
ISBN978-4-908399-24-4